Los spin doctors

Cómo mueven los hilos los asesores de los líderes políticos

Los spin doctors

Cómo mueven los hilos los asesores de los líderes políticos

Premio Trias Fargas de ensayo político

Toni Aira Foix

EDITORIAL UOC

Diseño de la coleccion: Editorial UOC

Primera edición en lengua castellana: marzo de 2009

Rambla del Poblenou 156, 08018 Barcelona
www.editorialuoc.com

Realización editorial: Carrera edició, S.L.
Impresión:

ISBN: 978-84-9788-806-6
Depósito legal B.

Autor

Toni Aira Foix

Doctor por la Universitat Ramon Llull y licenciado en Periodismo por la Facultad de Comunicación Blanquerna, es profesor de Introducción a la Comunicación Profesional, en la URL, y de Comunicación Política y de instituciones públicas, en la Universitat Oberta de Catalunya (UOC). Como periodista ha colaborado en medios como el diario *Avui* y Ona Catalana, y en Catalunya Ràdio colabora en diferentes programas como comentarista y tertuliano. Actualmente dirige el diario en línea *El singular digital*, donde había trabajado como columnista. Ha formado parte del equipo de comunicación de las dos candidaturas de Joan Laporta a la presidencia del FC Barcelona, donde dirigió la Revista Barça entre 2004 y 2006. Es coautor del libro colectivo *De Pujol a Maragall. Comunicació política i comportament electoral en les eleccions catalanes de 2003* (2007) y autor de los libros *La Veu de l'Experiència. Testimonis del passat, pensant en el futur* (2007) y *Màrqueting polític: L'art de guanyar eleccions. Del cartell a Youtube* (2008).

Índice

Introducción

Cuando la fuerza está en la sombra

Cuántas veces no hemos oído declaraciones de líderes políticos o institucionales que justifican unos malos resultados electorales o unos índices bajos de valoración en las encuestas con un recurrente «no hemos mostrado suficientemente nuestra acción de gobierno», «no nos hemos explicado como era necesario» o «no hemos sabido comunicar suficientemente bien nuestra posición». Y quien no dice posición, habla de no haber sabido explicar bien la estrategia o la política de alianzas o mil otras opciones que en definitiva hagan recaer la responsabilidad de unos resultados adversos en la estrategia comunicativa. En la forma, no en el fondo. Alguien podría preguntarse si todo ello no es un poco exagerado. Porque... ¿tanta importancia tienen los medios de comunicación en la vida política? ¿Y en consecuencia, tan importantes son los actores políticos responsables de la concepción, manufactura y proyección del relato político? Definitivamente, sí. Así es.

La banalización del discurso, la sumisión del *qué* al *cómo*. Es la política de hoy. La política que triunfa y que se adapta a una sociedad hipermediática que lo quiere saber todo, pero no con un afán de conocimiento, sino con un espíritu entrometido de vocación epidérmica que al estilo de los *realities* que causan furor en la televisión confunde realidad vivida con realidad mediada, la que pasa por el filtro, se adapta y redibujan unos medios de comunicación que también imponen su lenguaje y su *tempo* a los políticos.

En este contexto, el dominio del *tempo* y del lenguaje audiovisual es la piedra angular de una supervivencia darwiniana que todos los partidos buscan hasta el punto de hacer de él el eje central de su estrategia. Porque cuando el discurso político se concibe, se elabora y manifiesta pensando en los medios de comunicación y no tanto en los ciudadanos como prioridad, las reglas del juego han cambiado y la concepción de la política como un gran escaparate expuesto las veinticuatro horas en la teletienda no sólo influye en la forma, sino también en el fondo de la política. Influye no sólo en la estética del poder, en su fisonomía y en su proyección ante los ciudadanos, sino que también transforma sus contenidos, los banaliza, los simplifica, los distorsiona, afecta a la sustancia y condiciona el desenlace.

Porque cuando el líder es casi el único actor político que cuenta, cuando los demás sólo sirven como propagadores de una serie de consignas fabricadas a conciencia por el entorno más inmediato del máximo dirigente, la personalización de la política toca techo. Y lo hace adaptándose de forma exitosa a un lenguaje de los medios, y muy especialmente de la televisión, que requiere pocos y fotogénicos actores. Que hace de los líderes icono y marca de las diferentes opciones de compra que ofrece el mercado político.

En este contexto sobreexpuesto a la «nueva visibilidad» que defienden autores como John B. Thompson, la campaña de los políticos se convierte en permanente, audiovisual y multimedia. Y en la confección de este relato, en su manufactura, emergen los spin doctors, estrategas, asesores de comunicación, expertos en el lenguaje y en las necesidades de los medios. Los gurús a los que, al estilo de lo que pasaba con los antiguos magos o con el oráculo de Delfos, los líderes consultan cada paso que tienen que dar, cada consigna que tienen que verbalizar, cada gesto que tienen que reproducir, cada *frame* que tienen que imponer, cada *soundbite* que tienen que protagonizar. Y ellos, los spin doctors, elaboran la estrategia, cada día más táctica, que tiene que construir agenda a la vez que construye realidad. A la vez que el relato se convierte en mediático y por tanto empieza a existir.

Su hábitat, su ecosistema natural, es la sombra, la cocina, la trastienda. Pero su peso creciente, su importancia determinante, su existencia imprescindible, los tienta. Porque la perspectiva de ocupar un espacio a la luz de los focos de las cámaras a menudo es demasiado tentadora para unos actores políticos que conocen su importancia, pero que al dar este paso pierden el secreto de su fuerza. Porque, como Sansón cuando le cortaron su melena, los spin doctors se hacen vulnerables cuando deja de cubrirlos un sutil velo de oscuridad. La gran diferencia entre los gurús vocacionales y los que acaban tentados por su papel imprescindible en la política actual está entre los que dan el paso al escaparate y los que se sienten totalmente cómodos en la trastienda. Es lo que diferencia a spin doctors de aquí y de allá que, a escala internacional o más local, han sido los hombres que más eficazmente hablaban al oído de sus líderes. Pero la visibilidad es lo que los diferencia. Lo que traza una raya divisoria entre los Stephanopoulos (Clinton),

Mandelson (Blair), Campbell (Blair), Rove (Bush Jr.) o Madí (Mas), en contraposición a los Guéant (Sarkozy), Axelrod (Obama), Coulson (Cameron), Arriola (Aznar, Rajoy), Serrano (Zapatero) o Táboas (Montilla). Es la diferencia entre los que asumen su papel primigenio y sobreviven políticamente a su líder, y los que por el contrario mueren (también políticamente) en el intento, una vez los adversarios los tienen bien a la vista en el punto de mira y centran en ellos su artillería más pesada en ataques sin compasión, porque saben que descabalgándolos dinamitan los cimientos de su líder, de su partido, de su gobierno.

Capítulo I

Spin Doctors. Cada vez menos príncipes de las tinieblas

Spin doctors. No tiene una traducción milimétricamente trasplantable a nuestro idioma. Todavía no cuaja en el lenguaje político de nuestro entorno. A algunos les suena a nombre de grupo de música. Pero el hecho es que ahí están. Y de qué manera.

La expresión *spin doctor* es un término anglosajón utilizado para referirse a los estrategas y asesores de comunicación de los profesionales de la política. Esta denominación se empezó a popularizar a principios del siglo XX, cuando servía para denominar a los agentes de prensa, también conocidos como *publicity* o relaciones públicas de aquellos años. En su acepción originaria, *to spin* significa 'hilar' o 'cambiar de sentido', y aplicado al deporte, 'golpe de efecto' o 'manipulación'. En los primeros tiempos, estos agentes de prensa actuaban en situaciones especiales al servicio de sus clientes –gente de la política, del mundo del espectáculo y del deporte– de manera muy agresiva y con la intención de aumentar su notoriedad. Con los años, la especialización de esta figura a la hora de incorporar mensajes en los medios y su habilidad para componer el retrato mediático de sus representados les ha hecho pieza imprescindible en el día a día de todo líder político.

Así pues, en política, cuando se habla de *spinning* nadie se refiere a una actividad dirigida de aquellas que se programan en los gimnasios. Aun así, hace sudar, sobre todo a los periodistas que se ven implicados. El *spinning*, en política, es la actividad propia de los spin doctors, unos actores que ganan peso en un contexto cada vez más colonizado por el marketing y por la influencia determinante que ejercen los medios de comunicación. En los EE.UU. hace mucho que su papel se reconoce como determinante. Países de Europa, como el propio Reino Unido, no se han quedado atrás. Y en Cataluña, con «la retirada» de Jordi Pujol y su progresivo relevo por una nueva generación de políticos, empezó a tener notoriedad pública.

Porque en una política que concibe a sus candidatos y líderes como «productos», es preciso que haya alguien que sepa venderlos. Hay que tener habilidad para explicarlos. Se necesitan aptitudes para persuadir al público de que las alternativas son peores. Se necesitan expertos que hagan que los votantes potenciales se fijen en ellos. Eso lo hacen los spin doctors, a quienes su importancia creciente los hace más imprescindibles a la vez que los convierte en un objetivo prioritario que debe ser atacado por los adversarios. Ahora son más visibles aunque su espacio natural es la trastienda, la cocina, el *backstage*.

Karl Rove fue el gran spin doctor de George W. Bush. No en vano, en los Estados Unidos se lo conocía como «el cerebro de Bush» y el mismo presidente norteamericano se refirió a él como «el arquitecto» de sus dos victorias consecutivas. Su perfil respondía perfectamente al del spin tipo y no tanto a la imagen que de forma idílica retrata la serie *The West Wing* (El cerebro del Oeste de la Casa Blanca), que tiene como protagonistas al equipo de spin doctors de un presidente norteamericano demócrata. Estrategas de la Casa Blanca convertidos en estrellas de la pequeña pantalla. Y es que en la vida real esta condición tiene unas servidumbres. Por ejemplo, el desgaste que supone lo que popularmente se conoce entre los periodistas como «intoxicar», que no deja de ser parte del estira y afloja entre los profesionales de la comunicación y la guardia pretoriana del líder. Este intento continuado de introducir consignas (ya sean de ataque al adversario o de defensa de las propias posiciones) acaba pasando factura, y hace de la vida (política) de los spin doctors una aventura que en la mayoría de los casos tiene un recorrido fugaz. Karl Rove, en un ejemplo paradigmático, tuvo que dimitir a mediados de 2007, y por lo tanto no pudo acompañar a su presidente en el tramo final de su último mandato.

Como Rove, Alastair Campbell, mano derecha de Tony Blair hasta agosto de 2003, se convirtió en una máquina perfecta a la hora de construir estrategia y discurso para su candidato. Tanto que incluso algunos llegaron a dudar sobre quién lideraba a quién. Y este es uno de los grandes pecados originales que condena a muchos spin doctors que no pueden resistir la tentación de dejar su lugar a la sombra para ganar notoriedad y tratar de mostrar su influencia. Mark Davies, reportero político de la BBC News, escribió un artículo en el que contraponía Campbell a Bernard Ingham, quien había sido mano derecha de Margaret Thatcher cuando ésta gobernaba. Una frase de este texto nos resume perfectamente la importancia de Campbell en la era Blair: «[...] En realidad, mientras que las palabras de sir Bernard eran consideradas por los periodistas políticos como el verdadero eco de su jefe –Margaret Thatcher–, algo nos dice que con el señor Campbell el proceso a menudo va a la inversa: cuando el primer ministro habla, lo que se nos transmite es puro Campbell. A pesar de su estrecha relación con Thatcher, sir Bernard nunca fue considerado el verdadero primer ministro». De hecho, esta frase describe la importancia de los asesores de comunicación en la política actual. No sólo el caso Campbell-Blair. Y es que en los últimos años, con la eclosión de las nuevas tecnologías de la comunicación, el papel de los spin doctors ha ido dejando sutilmente el segundo plano desde donde actuaba, para pasar a protagonizar minutos de protagonismo en el primer plano de la actividad política. Y parece que estos profesionales no lo rehúyen, a pesar de los riesgos que ello implica.

En Cataluña, David Madí (CDC) es una de las figuras políticas que mejor responde a este perfil. Seguramente Miquel Iceta, en el caso del PSC y en el ámbito de los partidos, tiene puntos de contacto aunque el suyo es un perfil más «político». Madí no es diputado, ni vicesecretario general de su partido, pero la influencia que tiene sobre su líder es privilegiada. Este es el perfil del spin doctor. De hecho, Madí, como Rove o Campbell, tampoco acabó la última legislatura con su líder en el gobierno. Cuando Artur Mas era consejero jefe y delfín de Jordi Pujol, la oposición centró la artillería pesada en él y provocó su dimisión como secretario de Comunicación del Gobierno. Son los riesgos del primer plano. Riesgos que no ha corrido ni está previsto que corra Isaías Táboas, el gran spin doctor del presidente José Montilla en el Palau de la Generalitat.

En su libro *Democràcia a sang freda. Les interioritats de la política catalana* (2007), Madí reconoce un «estilo anglosajón» y explica la «tramoya política del país». Tramoya: Máquina para figurar en el teatro transformaciones o casos prodigiosos. Conjunto de estas máquinas. Enredo dispuesto con ingenio, disimulo y mañas, según el Diccionario de la RAE. Teatro, disimulo, figurar. Los nuevos spin doctors, al estilo de los cocineros estrella, no pueden evitar mostrar su cocina, y aunque no cuentan el secreto último de sus recetas no pueden resistir la tentación de llamar la atención sobre la importancia de lo que remueven mejor que nadie antes de que sea servido en el plato por el líder. Así, el libro de Madí se convirtió en un ejercicio de reflexión en voz alta similar a lo que Alastair Campbell hizo en su libro *The Blair Years*, y también como lo que Rove ya ha anunciado que tiene previsto hacer en un libro de próxima publicación. Y es que estos actores acostumbrados a controlar el relato y a construir realidad, a menudo no renuncian a intentar interpretarse a sí mismos, también a través de un relato escrito aparte de los medios de comunicación. Es época de «cocineros estrella» como los Adrià, Arola o Santamaría. La política no es una excepción.

«Se puede mantener el poder sin ideas, pero no se puede recuperar sin éstas»

El filósofo y sociólogo Raymond Aron, estrecho colaborador de Charles de Gaulle, advirtió en una ocasión al general: «Se puede mantener el poder sin ideas, pero no se puede recuperar sin éstas». En la política actual se mantiene y se multiplica el cliché. El ejercicio del poder político a menudo es percibido como vacío, sin ideas. El gran protagonismo de los medios audiovisuales y la importancia de la imagen ayudan a ello. Existe la convicción de que no es tan importante lo que se dice, sino cómo se dice y lo que percibe el auditorio. Eso no se observa tan claramente cuando se ejerce el poder, pero cuando éste se quiere conquistar o recuperar, entonces es evidente que hay que poner los cuatro sentidos en el *cómo* y la estrategia es más fácilmente perceptible. Entonces es cuando se necesitan ideas, más que en ningún otro momento. A falta de hechos que «inaugurar» se necesita una oferta ideológica y unos proyectos que sean atractivos y valorados por el electorado. Gran parte de esta oferta no depende tanto de los liderazgos como de un equipo de personas que forman la «cocina» del partido. Son los estrategas, los expertos en comunicación, los spin doctors. Y es que los individuos se forman opiniones en función de las percepciones. Se mueven por percepciones más que por realidades. Por eso el ámbito de la comunicación es tan importante en la política contemporánea. La batalla entre la realidad y su interpretación es el núcleo de la vida política como saben muy bien las personas que cada partido designa para administrar el poder y no para encabezar los carteles electorales. A falta de oferta ideológica, si es preciso, hay que escenificarla.

De origen, ya con una definición del término que lo liga a manipulación y a cambio de sentido, spin doctor respira una percepción negativa. Pero su objetivo primero es totalmente legítimo y explicable: marcar la agenda de los medios y así aumentar la notoriedad de su cliente. Ellos, en los casos más auténticos, optarán por no alcanzar mucha notoriedad (como mínimo en un primer momento), quedando siempre en un influyente segundo plano en la esfera pública.

Eso sí, buscarán el contacto directo con los periodistas y utilizarán las nuevas tecnologías y las técnicas de las relaciones públicas como principales medios de trabajo.

La imagen popular del spin doctor es la de un hombre de confianza del político, que desde la sombra hace el trabajo menos lucido para dejar que el líder disfrute de un aura de respetabilidad. En realidad, los spin doctors son una importantísima correa de transmisión entre los medios de comunicación y el poder. La mayoría tiene importantes conocimientos sobre el mundo de los medios. Conocen y hablan el lenguaje de los medios, porque tener presente lo que quieren los medios es esencial para poder ayudarlos u obstaculizar, si es preciso, su trabajo.

Son los directores de escena del teatro de la política. Eso, evidentemente, con permiso de los imponderables y de los momentos de lucidez o de rebeldía de los medios. Esta condición de controladores desde la sombra es también en parte culpable de una percepción negativa que se tiene desde los medios y entre muchos estudiosos de la política. Arthur Miller en su libro *La política y el arte de actuar* se pregunta: «¿Por quién votamos, en realidad?». Se pregunta si votamos «¿por el personaje seguro de sí mismo, que exhibe una dignidad, una moralidad ejemplar y un coraje a toda prueba suficientes para ser nuestro guía en caso de guerra o de depresión, o por el que, sencillamente, es lo bastante hábil como para caracterizar una imitación de este tipo de hombre, con la ayuda de un asesor profesional, un buen sastre de ejecutivos y todo el abanico de medios tecnológicos que se pueden utilizar actualmente para adiestrar a un presidente?». Esta influencia que Miller reconoce a los spin evidencia hasta qué punto los asesores de comunicación son una pieza clave, imprescindible y en alza en la práctica de la política occidental. Por otra parte, de eso se desprende que, cada vez más, estos actores de la política estén en el punto de mira de sus oponentes. Que cada vez más sean la pieza que hay que batir para obstaculizar las posibilidades de sus candidatos. Tony Blair lo sufrió en primera persona, en tres ocasiones, con los diferentes escándalos que defenestraron a sus dos principales asesores, Peter Mandelson –dos veces– y Alastair Campbell. Todo el mundo que trabaja en el teatro de la política conoce su importancia, porque todo el mundo conoce la importancia de los medios, y ellos son expertos en eso. Son los gurús. Aunque esta constatación pública pueda implicar importantes perjuicios cuando su figura abandona el *backstage* para pasar a asumir un protagonismo ante los focos de las cámaras que puede poner demasiado al descubierto la estrategia comunicativa y la misma sumisión de la actividad política a esta concepción marketiniana de la cosa pública.

Cuando el jueves 10 de mayo de 2007 Tony Blair anunció oficialmente que dejaría el liderazgo del Partido Laborista y del Gobierno británico el 27 de junio del mismo año, la edición en línea del diario *The Times* editó un interesantísimo y exhaustivo especial que, bajo el título «The Blair years», aportaba diferentes prismas sobre los diez años del líder laborista al frente del número 10 de Downing Street. Una de estas piezas informativas en línea, «The Spin Machine», nos aporta, de la mano del que fue publicitario del equipo de Blair, Geoff Mulgan, una visión ajustadísima sobre los peligros que acabamos de apuntar: «En los años noventa el Labour se obsesionó con la comunicación. Percibía los medios de comunicación como muy hostiles, en particular a partir de 1992 cuando despidió a Neil Kinnock de una manera bastante brutal y reclutó a gente como Alastair Campbell para ser duros, tácticos estratégicos de esos que no hacen prisioneros. Muchas de sus figuras más influyentes a mediados de los años noventa esencialmente eran gente del mundo del marketing y de la comunicación, como Peter Mandelson, Alastair Campbell y Philip Gould, y la cosa se convirtió en una especie de partido conducido por la comunicación. Durante un tiempo esta estrategia claramente dio resultados y fue capaz de fijar la agenda de los medios de comunicación. Fue capaz de desviar o de difuminar la oposición de los medios respecto del Labour. El partido fue capaz de persuadir a propietarios, redactores, etcétera, y si no, al menos hizo que fueran tibios en sus juicios críticos y en otros apoyos. El problema, que creo que no se calculó lo suficiente, fue que los hiladores, los comunicadores, se hicieron tan visibles, y durante tanta parte del relato que ellos mismos, a menudo, aprovechaban este escenario para su promoción, cosa que creó un matiz de desconfianza entre los medios, en el sentido de percibir que el Gobierno de Blair era todo *spinning*, todo comunicación y ninguna sustancia».

Así pues, es de la mano de estos profesionales, que trabajan con las técnicas del periodismo, de la publicidad y de las relaciones públicas, como se libra la batalla diaria por el establecimiento de la agenda mediática, política y pública. De hecho, sin las provisiones que los equipos de comunicación suministran de manera rutinaria, en los sectores público, privado o no comercial, la agenda política y mediática serían considerablemente diferentes con respecto a su alcance y a su contenido. La agenda de los medios de comunicación condiciona la actividad y ellos a menudo interactúan con éxito. Como dice uno de los grandes teóricos contemporáneos de las relaciones públicas, John V. Pavlik, el establecimiento de la agenda es una parte importante del trabajo de los profesionales de esta disciplina. Es decir, el hecho de constatar que los medios condicionan la actividad política no implica que en la lucha por marcar la agenda no haya una retroalimentación que haga que los dos ámbitos –el comunicativo y el político– se vean influidos mutuamente. De hecho, la influencia en la agenda mediática por parte de los spin doctors a veces va mucho más allá de un simple abastecimiento de información que aumenta la tarea rutinaria de los periodistas.

Y es que no podemos despreciar advertencias como la de Philippe Maarek, con respecto a Francia de las técnicas de marketinianas aplicadas a la política, cuando defiende que la introducción del marketing político se produce con la elaboración de una estrategia de comunicación política, es decir, de una estrategia global de diseño, racionalización y transmisión de la comunicación política moderna. Definir y ejecutar este tipo de estrategia de marketing político hace necesario un proceso complejo que debe dar cabida a los diferentes factores incluidos en la comunicación del político, para evitar de esta manera contradicciones entre los diferentes tipos de acción utilizados. La estrategia responde a un objetivo conocido por el receptor del mensaje.

Y esta es la parte esencial de la tarea de un equipo de asesores, de expertos en comunicación y marketing en muchos casos, conocidos como spin doctors. Ellos formarán el círculo más próximo –y a menudo bunquerizador– del centro de decisiones, a la vez que la «caja de ideas», el llamado *think tank* del candidato. En este sentido hay que decir que los *think tanks* han ido ampliando su condición en diferentes modalidades. Aunque nacieron como un fenómeno eminentemente norteamericano, especialmente presente en el mundo anglosajón, en las últimas décadas su expansión en el resto de países desarrollados ha sido muy destacable. Y si bien pueden describir a los grupos de estrategas más próximos al líder, también pueden ser considerados públicos especiales de los programas de comunicación corporativa promovidos principalmente por grupos de presión. Se han convertido, indudablemente, en actores privilegiados de la actual comunicación política, cada día más nutrida por las técnicas de marketing y de las relaciones públicas. En el caso de los *think tanks* externos pero vinculados ideológicamente a una formación política, su evolución en los últimos tiempos los está asimilando operativamente a los grupos de presión tradicionales, ya que, como estos, se están convirtiendo en organizaciones que promueven mayoritariamente estrategias de relaciones públicas. Esta ambivalencia los convierte en un objeto relevante que hay que tener presente en todo estudio de comunicación política. Y nada de eso es ajeno al equipo de spins del líder. Alguno de ellos, como es el caso de la Fundación para el Análisis y los Estudios Sociales (FAES), próxima al PP, ha dado y da estrategas de primer orden que por ejemplo alimentaron en su día puntos clave de los gobiernos de José María Aznar, y que actualmente forman parte del entorno más próximo a Mariano Rajoy.

Capítulo II

El líder... y los demás. ¿Dónde está el partido?

La praxis demuestra, cada vez más, que los partidos que aspiran a gobernar, o que pretenden consolidarse en las instituciones que ya controlan, necesitan la continua selección y formación de dirigentes de élite. Sería ir contra los signos de los tiempos oponerse a esta práctica creciente. De hecho, el talón de Aquiles de muchas formaciones políticas ha sido, precisamente, optar por desprestigiar las técnicas del marketing político cuando los resultados no les han sido favorables. Pero entre otros recursos del marketing político contemporáneo, todos los partidos protagonizan pseudoacontecimientos llamados a atraer la atención de los medios, buscando que éstos proyecten ante la opinión pública la imagen y el mensaje que los spin doctors quieren transmitir, intentando marcar la agenda. En este sentido hay que decir que el concepto de pseudoacontecimiento, plenamente incorporado en el lenguaje informativo contemporáneo, fue determinado por el profesor de periodistas Lorenzo Gomis como una actualidad sintética, fabricada, que ha invadido nuestra realidad. Una noticia que no existiría si no hubiera medios de comunicación dispuestos a hacerse eco de ella. Un hecho previsto, provocado, con el objetivo de ser publicado y de tener resonancia mediática. En definitiva, un nuevo tipo de actuación sintética que ha inventado nuestra vida cotidiana.

Y es que cuando la política a través de los medios de comunicación implica la personalización de las ideas políticas en los líderes de los partidos, son ellos –con sus spin doctors–, y no la estructura tradicional de partido, los encargados de transmitir mensajes al público, siempre a través de los medios. Esta personalización tiene diversas consecuencias en la vida política, ya que, por ejemplo, el discurso público se debilita a favor de una importancia creciente de la política visual y simbólica, por lo tanto, de la política vista como un espectáculo y también como un producto que hay que vender. Así, la política pasa a ser un asunto gestionado por el marketing, que trabajará las ideas fuerza y los eslóganes que éste quiere que protagonicen los titulares de los periódicos y de los informativos televisivos o radiofónicos. De ahí nace la política y el periodismo «de declaraciones», un fenómeno muy criticado, pero de utilización muy extendida, y que se deriva de la necesidad de conflicto y de material informativo de los unos (medios de comunicación), así como de la necesidad de los otros (políticos) con el propósito de protagonizar los titulares controlando su tono o por lo menos intentando que los adversarios no consigan hacerlo del todo. En este contexto, la emisión de mensajes políticos corresponderá fundamentalmente a los líderes, que serán los encargados de simbolizar toda una estructura de partido que los apoya pero que se mantiene a la sombra y, al mismo tiempo, se debilita.

Y es que son mayoritariamente los medios los que transmiten los mensajes políticos, y lo hacen según sus propias reglas. En respuesta, los partidos políticos tienen dos vías: intentar saltarse a estos molestos mediadores o adaptarse de la mejor manera para proyectar de forma óptima sus mensajes. Por lo tanto, una opción recurrente de los partidos es aprovechar la publicidad y las nuevas tecnologías de la comunicación como puentes para intentar saltarse los medios tradicionales. Actualmente, por ejemplo, las webs de los principales partidos españoles presentan apartados propios de noticias, evidentemente, con los titulares y el enfoque más óptimos para los intereses de los partidos. Estas «noticias» protagonizan la parte central de los sitios webs partidistas. Y un paso más allá, en el año 2006, el PSOE impulsó su propia televisión en línea (www.psoetv.es), aunque como el resto, ya durante 2008 tenía su propia versión de televisión/canal en el popular portal de vídeos de YouTube. Es una apuesta de presente, pero sobre todo de futuro. Y en contraste, tirando de la segunda opción que tienen los partidos ante la fuerza aplastante y transformadora que los medios ejercen sobre sus mensajes, está la adaptación al medio. La adaptación al lenguaje de los medios donde se impone al mismo tiempo el de la televisión. Esta opción, imprescindible para sobrevivir políticamente, hace que la cosa pública se convierta a menudo en un espectáculo en el que el discurso queda diluido ante las necesidades de los medios de comunicación. El sociólogo y etnólogo francés Georges Balandier es contundente en el análisis de este hecho: «Lo que está en cuestión es cómo el aspecto mediático ha acabado suplantando al político: hasta no hace mucho, el poder ocupaba sin discreción el espacio televisivo; en la actualidad es éste el que invade los dominios del poder. El abuso ha cambiado de bando; son los políticos los que se doblegan a las exigencias de la comunicación audiovisual, los que dependen de los nuevos poderosos –periodistas estrella y comunicadores– que han nacido de ella».

A pesar de todo, la «democracia mediática» que advierten diversos analistas no reina absolutamente, aunque cabalga a pasos de gigante hacia un escenario más contundente, de «democracia hipermediática», donde en muchos sentidos ya nos encontramos. Pero no podemos olvidar que existe una interacción entre las agendas mediática y política, y concretamente entre la eficacia de las armas de una y otra. El marketing político, en este sentido, es el gran instrumento que tienen al alcance los partidos políticos –especialmente los que no tienen medios de comunicación afines– para interactuar con el discurso de los medios de masas. Para entrar en la disputa por establecer la agenda política, pública y también mediática. De hecho los políticos intervienen en el proceso de opinión pública con una notable eficacia, haciéndose eco de los temas de debate más importantes que son protagonistas en la sociedad o reformulándolos según sus propios intereses, e incluso marcando estos temas de debate. No tenemos que olvidar que, en origen, como representantes de la sociedad, los políticos se encargan de ejercer de transmisores de los mensajes de los ciudadanos. Pero tampoco tenemos que perder de vista que en un contexto como el de la sociedad hipermediática, esta función la hacen muy a menudo los medios, que acaban constituyéndose en sustitutos de los políticos (y a menudo también de los jueces) por marcar el proceso de opinión pública, o bien vía los sondeos de opinión, que se convierten en la única representación posible de la opinión pública para muchos políticos contemporáneos, y en ocasiones llegan incluso a confrontarse con las opiniones emitidas por los medios.

En este contexto, y en la línea de lo que defiende el comunicólogo José Luis Dader, se convierten en especialmente destacables cuatro formas que adopta la personalización de la política:

1. *Personalización como condensación en imágenes*: se trata de la atención prioritaria a las simbolizaciones de la política, en lugar de la atención a sus argumentos o a sus procesos. La simbolización en las personas sería así el último peldaño de un procedimiento mucho más amplio de sustitución, mediante unas representaciones simbólicas, de los contenidos argumentativos y de fondo de las acciones políticas.
2. *Personalización como hipersimbolización*: se puede ver en la personalización política de nuestras sociedades posmodernas un exceso de simbolización –o hipersimbolismo– en el sentido de que la distancia entre el *signo* o

apoyo y su *uso simbólico* alcanzan grados inverosímiles en cuanto a su desplazamiento.

3. *Personalización como mitificación*: la acumulación de personalizaciones tiende a generar una comunicación política cargada de mitificaciones, tanto positivas como negativas. Una suma de imágenes visuales positivas tiende a idealizar favorablemente a unos determinados protagonistas, concediéndoles un aura carismática. El resultado es una comunicación política reducida a relato dramático, en la que los protagonistas mitificados compiten por apropiarse de los estigmas positivos y por transferir los negativos al contrincante. Los que no obtienen entidad de protagonistas pierden así la posibilidad de ser reconocidos como participantes, aunque la teoría democrática establece algo muy diferente, y estos ciudadanos de segundo nivel quedan reducidos a espectadores de las fábulas o los mitos políticos.
4. *Personalización como sumisión al relativismo del mercado*: la crisis de una creencia política en verdades trascendentales (Antiguo Régimen) fue seguida de la crisis de una creencia en el consenso racional deliberante (democracia liberal). Este juvenil deseo del mito liberal ha sido progresivamente sustituido por el pragmatismo de la mayoría numérica obtenida por cualquier procedimiento. Consecuencia de ello es la introducción del marketing como suprema verdad de la comunicación política: interesa conquistar la adhesión de la mitad más uno de los ciudadanos por los procedimientos de simplificación más expeditivos y, en sentido inverso, ofrecer en el mercado las propuestas políticas proclives a disfrutar del apoyo popular mayoritario inmediato. Esto último debemos matizarlo y tenemos que apuntar que es especialmente cierto en los sistemas políticos presidencialistas, ya que la transposición directa de esta creencia a los sistemas parlamentarios como el catalán puede implicar problemas importantes para los partidos políticos con opciones reales de acceder al poder, y más en unas democracias en las que parece que las distancias entre los grandes se acortan, según el criterio de analistas como el sociólogo Zygmunt Bauman, quien defiende: «Antes todos sabían lo que era ir hacia adelante y lo que era ir hacia atrás. Esta convicción ahora, en una sociedad multicéntrica en la que no hay una visión única a medida de la sociedad ideal a la cual te diriges, ya no existe. Fíjense en las elecciones: siempre se da una diferencia mínima entre los partidos, como si la población estuviera dividida por la mitad».

Decía Josep Pla que la fórmula más agradable de la convivencia humana es la banalidad. El político, el candidato, el líder, como iconos de una comunicación que adapta su lenguaje a los medios, y especialmente a la simplificación de este mensaje cada vez más influido por las necesidades y las imposiciones del medio que reina en la mayoría de los hogares: la televisión. Ha habido tradicionalmente dos tendencias a la hora de estudiar la imagen que transmite un candidato: la que defiende que la imagen la determina el comunicador y la que asegura que ésta la determina el receptor. Los primeros estudian lo que proyecta el candidato para influir en los votantes, mientras que los segundos se centran en el estudio de la percepción. Con todo, la solución se encuentra sin duda en una combinación de los dos factores, ya que la imagen es resultado de la interacción entre lo que el candidato proyecta y lo que el votante, de acuerdo con variables múltiples, percibe.

Ethos, pathos y *logos*. La *Retórica* de Aristóteles nos ayuda a explicar por dónde nos movemos en este terreno de las percepciones. Según Aristóteles, el carácter del orador es uno de los medios más eficaces a la hora de persuadir. Según eso, el concepto de la imagen del candidato está estrechamente ligado con el *ethos*, que apela a la fiabilidad del que habla. Chaïm Perelman, considerado por algunos «el Aristóteles moderno», recupera la *Retórica* de éste y remacha el clavo. Reivindica la retórica, el arte de la argumentación, sobre todo en contraposición a la utilización de la fuerza y la imposición de las ideas. Pero en este camino de reconocimiento del arte de la argumentación aparece la demagogia y el papel de los medios de comunicación, en la actualidad. Si sintetizamos diciendo que el *pathos* hace referencia a la utilización de recursos no lógicos, no formales, sino emocionales; que el *ethos* apela a la fiabilidad del que habla, y que el *logos* describe la capacidad argumentativa y lo que se somete a la lógica y a la argumentación, entonces podemos concluir que a principios del siglo XXI los medios de comunicación, y especialmente la televisión y demás medios audiovisuales, dan prioridad claramente al *pathos* y al *ethos* por encima del *logos*. La demagogia consiste en apelar más a la emoción que a la razón. En eso consiste el proceso al que se nos somete cuando se nos transmite la imagen de un candidato o de un líder ya concebido básicamente como líder mediático (o *medialíder*). El *cómo* claramente por encima del *qué*.

José Luís Rodríguez Zapatero asumió la etiqueta de «social-liberal» cuando decidió optar a la secretaría general del PSOE, en su 35º congreso, en julio de 2000. Necesitaba una denominación ideológica que lo diferenciara del resto y que proyectara el *qué* de su candidatura. Una vez superado el trámite, no se ha vuelto a hablar de esta denominación. Desde el gobierno, a partir de su victoria, en 2004, tendría el tiempo que habían tenido antes Felipe González y José María Aznar para ir dibujando claramente su ideario con la acción de gobierno. La creación de un líder a menudo depende más de la metódica creación de una imagen que de la creación de un discurso nuevo. Ya se lo advertía Quinto Tulio Cicerón, hace siglos, a su hermano candidato: «Por más fuerza que tengan por sí solas las cualidades naturales del hombre, creo que, en una cuestión de tan pocos meses, las apariencias pueden superar incluso a esas cualidades».

Imagen y discurso suman y favorecen un resultado final, óptimo o fracasado, pero el peso del factor imagen –marca– hoy es mucho más decisivo que ayer. Hasta el punto de que algunas voces autorizadas defienden que la decisión de votar es menos racional que las decisiones de compra.

En este contexto, la preocupación por la imagen es muy inmediata, y por lo tanto práctica, ya que la prioridad del político es primero ser conocido para que así se escuche su oferta. La personalidad de un líder, su manera de actuar, es evidente que acostumbra a influir más que sus propuestas, sobre todo gracias al tipo de discurso que favorecen los medios de comunicación, y especialmente la televisión. Las cámaras transmiten mucho mejor una manera de hacer que una manera de pensar. Es, en parte, aquello que se puso de moda después de la victoria contra pronóstico de José Luis Rodríguez Zapatero, en 2004: el talante. Una manera de hacer. No se concreta si es mejor o peor, pero queda claro que es diferente. Aparte de los desgraciados hechos del 11-M, que sin duda marcaron el resultado de aquellos comicios, lo que determinó nítidamente la contraoferta del PSOE al PP en aquellas elecciones fue el estilo diferente, sobre todo en lo referente a las formas y al talante de su líder, contrapuesto al de su antimateria, José María Aznar, icono –también imagen– de una etapa contundente, inflexible y prepotente, respecto a la cual los ciudadanos empezaban a dar muestras de cansancio. Los eslóganes «Otra manera de ser, otra manera de gobernar» y «Merecemos una España mejor», que el PSOE elaboró para aquella campaña, apuntan claramente en esta dirección.

La imagen del candidato es básica y conviene incluso fijarla y tenerla bien examinada antes de marcarse los objetivos. Sería un grave error marcarse unos objetivos a los que someter toda la estrategia y la maquinaria electoral del partido para que después resultara que el perfil del candidato no concuerda con ellos. En este sentido, es necesaria una convergencia de aptitudes personales y de aprendizaje en la construcción efectiva de la imagen de un liderazgo político efectivo, por lo que es especialmente aconsejable que el candidato sea él mismo. Según Arthur Miller, que fue uno de los más grandes dramaturgos e intelectuales norteamericanos, Al Gore, candidato demócrata en las elecciones presidenciales del año 2000, «como cualquier actor, hizo pruebas con distintos cambios de vestuario antes de encontrar el conjunto adecuado para expresar la personalidad que le convenía proyectar.[...] Me atrevería a decir que si se le veía tan desmañado era en parte porque la imagen adoptada no era la suya de verdad, porque se había escogido un papel que no le pegaba, como les pasa bastante a menudo a los actores que no tienen suerte en el cine y el teatro».

La elaboración de la imagen se basará en la *propuesta única de venta* (USP, una sola idea tiene que ser el eje en torno al cual gire toda la comunicación), que incluye la necesidad de encontrar un elemento diferenciador, así como la simplificación del mensaje. El elemento diferenciador del candidato propio tiene que ser, al mismo tiempo, la ventaja respecto a los otros. Hay que asegurarse de que esta es una característica verdadera del político –imagen en armonía con la personalidad del político– y que es percibida de forma correcta –óptima– por los votantes potenciales. Ahí radica uno de los frentes de dedicación prioritarios del spin doctor, porque todo se tiene que transmitir de la forma más simple posible, para evitar interpretaciones no deseadas o sobreinterpretaciones, ya que los medios de comunicación tradicionales no ayudan a la buena transmisión de mensajes complejos. Los matices son poco perceptibles y, por lo tanto, poco valorados. En un mapa político como el catalán, por ejemplo, con cinco fuerzas políticas consolidadas y unos liderazgos que básicamente ya cubren prototipos, clichés y modelos diferentes, le fue imposible hacerse un hueco a Àngel Colom, con su Partit per la Independència (PI), nacido en el otoño de 1996. Los medios no facilitaban el lanzamiento ni la correcta difusión de una nueva oferta, aunque el liderazgo de su candidato ya estaba hecho en gran parte. En cambio, Ciutadans - Partido de la Ciudadanía, una formación que nació de la mano de algunos destacados opinadores con columna fija en diferentes medios y con el apoyo explícito de periódicos como *El Mundo* o *La Razón*, y de la cadena radiofónica COPE, consiguió tres diputados en las elecciones catalanas de 2006. Los medios de comunicación consiguieron proyectar una imagen diferenciada de esta oferta política. La hicieron visible. Además, víctimas primeras de su sumisión a las leyes del impacto y del espectáculo, la mayoría de los medios se hicieron amplio eco de una candidatura al frente de la cual había un cabeza de lista

–Albert Rivera– que aparecía desnudo en el cartel electoral. Impacto, espectáculo, imagen. El *cómo* por encima del *qué*.

Siempre, subrayémoslo, hay que tener en cuenta que la gente percibe la imagen del político de una manera subjetiva. Una vez lanzada la imagen deseada, ésta acaba siendo modulada por el público y sus particulares percepciones personales. Un incidente aparentemente insignificante o un pequeño detalle pueden destruir en pocos instantes y en pocos *frames* la credibilidad de una imagen. Las percepciones, las imágenes se van fijando en la mente del receptor. Sus prejuicios se irán formando o modificando, también, a partir de este hecho.

Los puristas de la ortodoxia partidista seguramente no estarán de acuerdo, pero es un hecho estudiado y contrastado que la eficacia de la aparición en televisión de un político depende más de su comunicación no verbal que del discurso en sí.

El atractivo físico, por ejemplo, aumenta la percepción de credibilidad, sin relación directa con la competencia del personaje. Los spin doctors, en este sentido, tienen que luchar con tres caballos de batalla: el aspecto físico del candidato, sus atributos vocales y sus gestos. De hecho, la morfopsicología (el conocimiento del carácter a partir de los rasgos faciales y de la mano) de los políticos tiene mucha importancia con respecto a la calidad de sus apariciones en la televisión. Su apariencia física, especialmente sus rasgos faciales, implican una connotación positiva o negativa en su comunicación con los receptores. Los rasgos faciales crean un prejuicio sobre el político, negativo o positivo, que lo marca ya de entrada. Y ya que estos son difíciles de modelar, a no ser que se esté dispuesto a recurrir a la cirugía, se centran los esfuerzos de mejora en aspectos como el vestuario y en complementos como las gafas o el peinado.

En este contexto, la televisión todavía es en la actualidad la principal mediadora en la comunicación política, aunque el reparto de protagonismo –la fragmentación de las audiencias– es creciente, especialmente hacia la red de Internet, de manera que las estrategias comunicativas de los partidos no pueden centrar sólo sus expectativas en el medio televisivo, sino que tienen que orquestar una manera de proyectarse que tenga en cuenta el peso y los valores añadidos de cada medio. Eso sin olvidar que hoy día la televisión todavía es el de mayor difusión y, en consecuencia, se convierte especialmente durante las campañas electorales en un agente influyente en la percepción de los partidos y de sus candidatos. La hegemonía de la imagen que este medio impone ha influido también en el ámbito de la prensa, y los periódicos han dado prioridad a los grandes titulares, los destacados y la fotografía –concretamente la fotografía en color, con el *New York Times* abriendo camino y marcando la referencia una vez más–. Diferentes investigaciones realizadas a escala internacional coinciden en apuntar que la imagen favorable o desfavorable que transmiten los informativos de televisión respecto a los partidos y sus candidatos puede llegar incluso a afectar a la decisión del voto.

¿Dónde está el partido?

Robert Michels fue militante del Partido Socialista Alemán. De formación marxista e influido después por las ideas de Max Weber y de Mosca, ejerció de docente en Turín, Basilea y Perusa, y siempre muy atento a la evolución de la ciencia política de su tiempo, aplicó las ideas de Mosca y Pareto, dos gigantes de la sociología política, al caso de los partidos políticos. En su libro *Los partidos políticos,* proponía su conocida «ley de hierro de la oligarquía». Según esta tesis, toda organización –los partidos también y en consecuencia la democracia– está sujeta al dominio de una oligarquía. La mayoría de los partidos políticos tiene una tendencia a este tipo de gobierno interno. Ha sido así tradicionalmente, pero la sumisión de las estrategias políticas a las dinámicas, al lenguaje y a las necesidades de los medios ha revalorizado el papel de los antiguos «consejeros áulicos», hoy spin doctors o asesores de comunicación. El líder es mucho más dependiente, en tanto que su figura también es más dependiente de un factor externo –los medios– del que los spin son expertos. Más allá de las estructuras tradicionales de los partidos, estos consejeros se convierten en el núcleo duro del círculo decisorio. Por ejemplo, en partidos como Convergència Democràtica de Catalunya (CDC), que en los últimos años se ha caracterizado por una apuesta decidida por las técnicas más modernas del marketing político contemporáneo, este escenario se reproduce. Y evoluciona, en el sentido de integrar progresivamente los spin doctors en la cúpula orgánica de la formación. Eso, sin embargo, no hace más que acentuar un cierto aislamiento del líder, hecho que queda especialmente en evidencia en tiempo de oposición –cuando el poder a repartir no puede actuar como bálsamo de la contestación interna–, y así quedó patente a raíz de una información periodística, cuando CiU quedó por segunda vez consecutiva fuera del Gobierno a pesar de haber ganado las elecciones.*

Teorías de las élites como las de Michels subrayaban que las minorías tienen una función evidente en cualquier tipo de organización social. Unas hipótesis que no hacen más que apuntar a lo que el día a día nos demuestra. La tendencia hacia la oligarquía es inherente a todo partido organizado. De eso Michels deduciría que la democracia, entendida como gobierno por el pueblo, es irrealizable, porque siempre gobierna una minoría. Una minoría, a principios del siglo XXI, que el conocimiento y el dominio de los medios jerarquiza en parte.

Con estos planteamientos, hay autores que nos están diciendo que el liderazgo y la democracia son incompatibles entre sí.

Incluso en las organizaciones políticas con orígenes e ideología democrática, el liderazgo inicial se transformaría en el gobierno de una minoría. Eso, según Bauman, se traslada a los gobiernos de las administraciones públicas. Y todo ello fue teorizado en tiempos de liderazgos carismáticos. ¿Qué no se plantearía hoy Michels y otros como él, ante unos partidos en que estos líderes deciden desde la cúpula el impulso y la creación de un liderazgo nuevo, por descontado, en manos de una minoría?

Los medios también tienen una influencia determinante en este escenario. Condicionan la misma política tal como la conocemos, entre otros elementos distintivos, imprimiendo una personalización creciente, no sólo de las campañas electorales, sino del conjunto de la actividad política, precisamente sometida en el modelo de la campaña permanente (*permanent campaign*). Pero si nos centramos sólo en las campañas electorales, la imagen es especialmente gráfica: el carácter plebiscitario que anima las propuestas de los principales líderes y el sentido de referéndum que se imprime a la acción de gobierno y a la tarea de la oposición forman un estilo de campaña que es más propio del sistema presidencialista que de sistemas parlamentarios como el nuestro.

Esta personalización, esta simplificación del mensaje y del concepto de representatividad política tiene una influencia determinante en la vida interna de los

* Véase S. Cuadrado, «Primera crisis en CDC tras el fracaso del 1-N». *La Vanguardia* (12 de enero de 2007), p. 18. El texto partía de la filtración de críticas y tensiones en la cúpula de CDC, como rechazo al estilo de Artur Mas y su equipo. En un destacado de la información se podía leer: «Un núcleo reducido de la dirección de CDC se ha dispuesto a decidir la línea estratégica del partido. Son ellos los que juegan todas las cartas. Son fieles colaboradores de Artur Mas, pero corren el riesgo de que el partido no les siga».

partidos y en el fondo, así como en el desenlace de debates políticos de peso. De hecho, con respecto a la vida interna de las formaciones políticas, las listas cerradas y bloqueadas impiden que el resto de candidatos que acompañan al cabeza de lista puedan realizar efectivamente su propia campaña. A pesar de haber sido igualmente escogidos por la dirección del partido para pasar a formar parte de las listas, no pueden tomar sus propias iniciativas, y todo pasa a girar en torno de la figura del líder, a quien se someten la coordinación del calendario y los mensajes políticos. Ya que de hecho será él a quien seguirán y atenderán de forma abrumadora los medios.

Y en esta dirección, este factor es especialmente determinante en la organización de la estrategia y en el despliegue táctico de los partidos *catch all* (grandes partidos políticos que tienen como objetivo integrar un amplio espectro ideológico de votantes), paradigmas de la incomunicación y la desafección real que crece entre el electorado y el conjunto de los candidatos no líderes.

Serge Albouy, referente en el estudio del marketing político contemporáneo en Francia, nos facilita un dato más que incide en el hecho de hasta qué punto la militancia de los partidos ha pasado de ser parte del engranaje de la maquinaria a convertirse en un público objetivo de la estrategia marketiniana. Albouy recoge la clasificación de D. David, J. M. Quintric y H. C. H. Schroeder, que parten de la identificación de marketing político y electoral y que lo clasifican, de acuerdo con su objeto, en seis categorías. Todas son ámbitos de actuación del spin doctor:

1. marketing de circunscripción
2. marketing del candidato
3. marketing de los electores
4. marketing de los militantes
5. marketing de los recaudadores de fondos
6. y marketing de los prescriptores de las opiniones o líderes de opinión

Capítulo III

Los medios de comunicación como oscuros objetos del deseo

Quién marca la agenda a quién. Éste es el dilema. Ésta es la lucha. La batalla diaria. Un enfrentamiento que políticos y periodistas libran cotidianamente en un terreno de juego no neutral, los medios, de donde la inmensa mayoría de ciudadanos beben para dibujarse una idea mental del mundo que los rodea. Maxwell McCombs, uno de los padres de la teoría de la *agenda setting* (del establecimiento de la agenda), describe en su libro *Estableciendo la agenda* un ejemplo significativo sobre la influencia de la agenda mediática en la agenda política y en la pública. Fija la mirada en un informe de la Universidad de Harvard, con el estudio de la influencia mediática de la programación de la televisión de entretenimiento en el comportamiento de los adultos jóvenes, para extender la idea del «conductor designado», es decir, el miembro del grupo que sale de fiesta y que se abstiene de beber para poder llevar después a sus amigos a casa de forma segura. En esta dirección podríamos situar también una iniciativa más próxima en el tiempo y en el espacio: la utilización que el Gobierno español presidido por José Luis Rodríguez Zapatero hizo del *reality show Gran Hermano* para divulgar el Tratado para una Constitución Europea, en el año 2005. Se acercaba la fecha del referéndum con que los ciudadanos españoles tenían que aprobar o rehusar el Tratado. Se tenía que votar el 20 de febrero del 2005, y las encuestas de opinión reflejaban un gran desconocimiento y un creciente desinterés respecto a esta cuestión considerada primordial por el gobierno y la oposición, en que plantearon el debate en términos de disputa partidista. Así pues, a pesar de los esfuerzos en campañas de propaganda y también a través de divulgación en espacios informativos, el gobierno del PSOE encontró en un *reality show* una herramienta útil al servicio de la divulgación de un proyecto político e institucional de primer nivel. La vicepresidenta del Gobierno español, María Teresa Fernández de la Vega, aseguró que consideraba «muy digno» que este programa realizara una «labor pedagógica» con un tema tan arduo como la Constitución Europea. Durante aquella temporada, *Gran Hermano* había tenido picos de audiencia que se habían acercado a los cinco millones de espectadores.

Y es que los asesores de comunicación políticos lo tienen claro. Saben que los momentos de pasión, de reflexión personal y de humor hacen más por ellos que cualquier *soundbite* de seis segundos en los informativos o, en todo caso, que cualquier anuncio televisivo de treinta segundos. Por lo tanto, hay que acercarse a los receptores con elementos que les produzcan una mayor sensación de identificación, para que así penetre mejor el mensaje. En la televisión, eso se conseguirá sobre todo con la aparición de los candidatos o de las diferentes propuestas políticas en programas no estrictamente o directamente políticos, así como en aquellos que de forma más o menos directa se centran en la vida privada de los políticos. Un ámbito propio de las estrellas del mundo del espectáculo.

Es básico en todo plano de comunicación de un partido, construir estrategias para que el candidato o líder aparezca en el máximo número posible de espacios televisivos.* Eso sí, descartando los programas que no entran dentro de estos esquemas, atendiendo a los valores y a la imagen que transmiten. Si estos no son coherentes con los de la candidatura o los de la imagen que se quiere transmitir, no se accede a ir a ellos. Es importante que el espectador vea al líder a través de la televisión. Y el hecho que lo vea a menudo, sumado al carácter íntimo del medio, animará a los votantes a desarrollar lo que los psicólogos Donald Horton y Richard Wohl llaman «relaciones parasociales» y que tienen lugar cuando los votantes llegan a pensar en sus líderes o en sus candidatos como en íntimos porque pasan mucho tiempo con ellos, viéndolos diariamente a través de la pequeña pantalla.

Los tradicionales espacios que ha utilizado el marketing político en televisión habían sido los debates y las tertulias, pero el marketing político contemporáneo tiene muy presente que la aparición en los informativos, los flashes publicitarios y las diferentes formas de presencia en programas no abiertamente políticos pueden contribuir muy eficazmente en el proceso comunicativo. La aparición en los

* Mariano Rajoy (PP), antes de hacerse oficial su candidatura a la presidencia del gobierno, apareció como actor invitado –interpretándose a sí mismo– en la serie de humor *Jacinto Durante, representante*, en marzo de 2000, en TVE1. Protagonizaban la serie los actores españoles Juan Luis Galiardo y Concha Cuetos. Más adelante, la serie cómica *Siete vidas* (Tele5) contó también, entre sus colaboraciones especiales de famosos, con políticos como Josep Piqué (PP), Josep-Lluís Carod-Rovira (ERC), Alfonso Guerra (PSOE) o Javier Arenas (PP).

diferentes espacios intensifica el efecto *agenda setting* (fijador de agenda) de los medios de comunicación.

Los informativos televisivos, los telediarios, son uno de los grandes instrumentos de transmisión del mensaje político, pero eso no quiere decir que este sea el medio preferido por los políticos y por sus asesores a la hora de comunicarse con el elector. La imposibilidad, por otra parte lógica en los sistemas democráticos, de poder controlar aquello sobre lo que los medios centrarán su atención y decidirán hacerse eco es un grave inconveniente para los partidos, que ven que lo que pretenden comunicar difícilmente es transmitido en la dirección deseada, con el tiempo considerado necesario y con la perspectiva más óptima. Y eso es así porque los criterios de selección de los informativos no tienen por qué responder necesariamente, primero, a los intereses de los partidos, y segundo, a los criterios de noticiabilidad. Hay un factor tanto o más importante, que es la necesidad de persuasión o de captación del atención que tienen que ejercer los mismos informativos sobre el espectador, y que hace concebir estos espacios televisivos más como un espectáculo que como una fuente informativa de primer orden. El entretenimiento.

Los debates televisivos son pieza imprescindible y aparentemente decisiva, sobre todo en países con sistemas políticos presidencialistas o instalados claramente en el bipartidismo. La preparación de los debates de los candidatos es parte de las estrategias de establecimiento, de construcción y de mantenimiento de una imagen positiva en la mente de los votantes. Por eso, entre otras motivaciones, los debates cara a cara tienen más aceptación y más demanda por parte de los partidos mayoritarios, ya que este esquema es más acorde con el espectáculo propio de la televisión. Así se facilita el maniqueísmo propio de un medio que transmite menos eficientemente los mensajes complejos. Al día siguiente, los medios los proyectarán y todo el mundo se preguntará «¿quién ha ganado?», y, aunque no tanto, se concentrarán en los temas debatidos, en los diferentes argumentos o en las ideas expuestas. Además de los temas tratados, la personalidad y la imagen de los candidatos serán claves para el público.

Pero más allá de estos espacios, los asesores de comunicación, en la actualidad, intentan acercar al candidato a los ciudadanos proporcionando a los receptores de la comunicación elementos que les produzcan una sensación mayor de identificación con el personaje. Este paso será clave para permitir una mejor penetración de los mensajes. Como mínimo, eso es lo que los spin esperan que pase. Y por eso los políticos participan cada vez más en espacios televisivos no directamente políticos, o en programas que hablan de la vida privada de los profesionales de la vida pública.

Los *talk shows*, programas que combinan la información con el espectáculo y el entretenimiento, también son objetivo del marketing político contemporáneo. Programas matinales, como el *Good Morning America*, en los EE.UU., o *Las mañanas de Cuatro*, con Concha García Campoy. *Talk shows* de sobremesa, como el de Oprah Winfrey, también en los EE.UU., o el programa *El club*, con Albert Om, de TV3. Y por otra parte están los programas de humor nocturno, con los espacios de Jay Leno, en la NBC, y el de David Letterman, en la CBS, como referentes de muchos productos televisivos en Europa y en España, concretamente como fue el caso de *La noche de Fuentes...*, en Telecinco, o *Noche Hache*, en Cuatro. En estos programas, o en otros satíricos como el televisivo *El intermedio* (La Sexta), los candidatos podrán condensar una gran cantidad de *soundbites*, breves mensajes claves de pocos segundos de duración, que cuantitativamente harán mucho más eficaces estos espacios que los informativos. En estos programas de entretenimiento el candidato podrá hablar directamente con el electorado de manera mucho más fluida y continuada, y en un espacio de tiempo más concentrado.

La importancia (a pesar de todo) de la prensa

Los estrategas políticos priorizan la televisión en el proceso de comunicación política, pero sin despreciar el papel de la prensa escrita, que permite una divulgación de la comunicación que proporciona un impacto y una credibilidad que a principios del siglo XXI todavía no tiene paralelismo en ningún otro medio. De hecho, la prensa no partidista es una de las herramientas más productivas de la comunicación política, a pesar de los cambios que ha experimentado a lo largo de los años. Hace falta una estrategia de comunicación que haga diana en los indecisos y dudosos, y en este ámbito, la prensa tiene un papel importante, que debe potenciarse sobre todo en los inicios del proyecto de lanzamiento y de consolidación de un político. La prensa es determinante. Hasta el punto de que estudiosos como Salvador Cardús no dudan en llamar la atención sobre los peligros de la dependencia que se ha establecido entre ésta (la política) y la prensa:

«Tanta, que se puede decir que la una no existiría sin la otra. La prensa parece el terreno natural no sólo de expresión, sino de la acción de la política [...] esta dependencia respecto del papel impreso es mayor en la medida en que hay menos margen para la acción política material y concreta, es decir, cuando hay poca soberanía política real».

En la prensa, el lector, entre el resto de la oferta, se encuentra con la presencia del político en «su» periódico. Y es que la gente tiende a comprar la prensa con la que se siente más cómoda, evidentemente, también ideológicamente, además de hacerlo por cuestiones más tangibles como la pertenencia a una determinada comunidad, clase social o grupo lingüístico. El lector se hace suyo el periódico y eso da una credibilidad añadida, a ojos de éste, a las informaciones que aparecen en él. En la mayoría de los casos, el lector tiende a pensar que lo que está leyendo es neutral. Que lo que lee es «lo que pasa». Sus instintos de defensa contra lo que está leyendo son, por lo tanto, más débiles que ante otros tipos de comunicación y medios.

La prensa no partidista fue uno de los primeros instrumentos utilizados por el marketing político de primera hora. Orson Welles nos lo describía magistralmente en el filme *Ciudadano Kane (Citizen Kane*, 1941). Las columnas de periódicos como *The Times*, el *New York Times*, el *Washington Post, Le Monde* o *Le Figaro*, en sus respectivos países, eran el trampolín para las figuras políticas ambiciosas.

Y si es cierto que la prensa ha perdido autonomía, su importancia no ha disminuido, a pesar de la impresionante expansión de los medios audiovisuales en la sociedad actual. Y no ha perdido protagonismo a la hora de marcar el ritmo, a la hora de imponer el efecto fijador de agenda (*agenda setting*), porque a pesar de dejar de ser el origen de la mayor parte del proceso de comunicación política, sigue siendo la transmisora por excelencia de la opinión, así como el analista de los contenidos informativos con relación a lo que nos presentan los medios audiovisuales. Y es que no tenemos que olvidar, como dijo Gomis, que los periódicos trabajan con relatos de hechos y no con hechos.

La prensa escrita, pues, se ha convertido en el terreno más idóneo para discutir o para analizar las comunicaciones políticas que previamente se han difundido a través de los medios audiovisuales, y hace de transmisora de sus funciones y de su influencia. Ha dejado de ser la principal fuente de procedencia de la información o de comentarios, pero sigue teniendo un papel destacado, también en este ámbito, especialmente por su solvencia como medio de referencia. En este sentido, hay que apuntar momentos destacados que nos son próximos temporal y geográficamente, como la noticia del *ABC* sobre la reunión secreta de Josep-Lluís Carod-Rovira –cuando era consejero jefe– con ETA, o el editorial de

El Periódico de Catalunya sobre el «tres por ciento», que precedió las declaraciones de aquel mismo día del presidente Pasqual Maragall, con la consiguiente crisis política en Catalunya.

Si convenimos que las columnas de opinión y los artículos no se pueden «comprar», la mejor solución que se le presenta al político, respecto a la prensa escrita, es mantener relaciones privilegiadas con los periodistas responsables de la cobertura de sus actividades. Se tiene que cultivar el contacto directo con los periodistas, con comidas, conversaciones individualizadas después de los actos políticos, aprovechando los viajes para estrechar vínculos... O con los *off the record*, conversaciones entre periodista y político en las que éste suministra una información, con la condición de que no será hecha pública mientras se cuente sólo con el testimonio del que la comunica. Si el periodista, aparte de este contacto, encuentra alguna otra fuente que se lo corrobore sin petición expresa de confidencialidad, podrá hacerla pública. Este pacto, además, implica el silencio total sobre la fuente de información. Y en este punto, hablando del *off the record*, hay que decir que algunos autores llaman la atención sobre la necesidad de preservarlo como parte esencial de la tarea del periodista. Según Jack Germond, reportero político desde 1960 y autor de varios libros sobre campañas, «hubo un tiempo en que ellos (los políticos) se sentían cómodos yendo a cenar o tomando unas copas con el reportero. Todo el mundo entendía qué era un *off the record* y qué no lo era. Así, se podía llegar a conocer a los políticos un poco mejor y describírselos a los lectores en más de dos dimensiones. Ahora muchos políticos temen, con razón, que no pueden confiar en los periodistas porque todos optaremos por el camino fácil si surge la oportunidad de sobresalir».

Además de los momentos de diálogo privado, las ruedas de prensa siguen siendo uno de los momentos más propicios para hacer circular un mensaje concreto entre los medios, de la forma más rápida posible. Con una adecuada planificación de los medios, los estrategas del político pueden escoger, sutilmente y con antelación, las partes del discurso que desean que el periodista difunda, siempre con cuidado para que el periodista no saque la conclusión de que lo están intentando manipular. De hecho, éste es uno de los riesgos más comunes a que se ven expuestos los profesionales del marketing político. En el mismo ámbito académico, posiciones críticas especialmente surgidas de las filas sociológicas y filosóficas, ven una intención de manipulación social en el control de los media por parte de los poderes establecidos. Incluso antes de que el marketing político se erigiera como disciplina independiente con carta de naturaleza propia, ya existían voces que advertían de su aspecto manipulador y antidemocrático. La «política espectáculo» que se ha vinculado siempre a las técnicas marketinianas no ha dejado de tener siempre numerosos detractores.

Pero ya sólo la complejidad de los factores que pueden tener un papel en la elección de medios y canales –prensa, radio, televisión...– para la comunicación política justifica sobradamente la tarea de los spin doctors, así como su influencia en el entorno directo de los dirigentes políticos. Su acceso directo a las bases de datos públicas o su experiencia en los media pueden ser herramientas esenciales para confeccionar de forma rápida y efectiva, con una base sólida, un práctico plan de medios. Entre otros, sus recursos tienen que hacer posible que se evite el peligro de la duplicación respecto de los diferentes medios o canales utilizados, siempre que ésta no se busque deliberadamente para crear un efecto de redundancia puntual que refuerce una determinada comunicación. El profesional del marketing político, por lo tanto, tiene que controlar estos factores, que entre otros, también dependen de condicionantes como los cambios día a día de las cifras de ventas de los periódicos. En función por ejemplo de un determinado suplemento habrá picos de ventas de los diarios, que habitualmente acostumbran a coincidir con los domingos. Datos nada anecdóticos.

Como tampoco la prensa del corazón tiene una importancia anecdótica en los esfuerzos de los gabinetes de comunicación por hacerse un hueco en el mapa de la prensa escrita. Aparte de la prensa generalista y diaria, la prensa del corazón también puede tener un papel en el proceso de promoción del candidato. José Montilla, como candidato del PSC a la presidencia de la Generalitat, protagonizó un reportaje en *Lecturas* durante la campaña catalana de 2006, en agosto de aquel año.

Y es que la familia tiene una gran importancia simbólica en campaña. Los americanos son los creadores de la figura de la primera dama, adjudicando a la pareja presidencial el papel del «señor y la señora América», para que los dos, con sus hijos, formen una primera familia ideal que se quiere que represente los valores americanos más preciados. Porque la retórica electoral contemporánea no pretende transmitir la imagen de su candidato como la de un ser superior o sobrenatural. El líder tiene que ser «el gobernante perfecto», pero este liderazgo real se tiene que compartir con una percepción de su personalidad que lo acerque a la gente, a sus conciudadanos. La identificación del ciudadano medio con el líder se hará por el principio de similitud, que sirve básicamente para comunicar simpatía, con un mensaje nuclear implícito: «Me importan tus problemas, porque también son los míos». Una persuasión eficaz buscará siempre establecer una conexión personal entre el emisor y el receptor. Y esta similitud se mostrará a través de características más o menos pertinentes para la política, que van desde el color de la piel o el estatus socioeconómico del candidato, pasando por su manera de vestir o sus aficiones. Y es en este terreno donde la prensa del corazón –al igual que antes hemos reivindicado para los programas televisivos no políticos– tiene un papel.

Los estudios de contenido demuestran que, mientras que los medios informativos tradicionales hacen hincapié en la llamada carrera de caballos –*horse race polling*– y en el tono negativo de la campaña, estos medios menos políticos proporcionan oportunidades para mantener un diálogo más serio o menos crispado sobre cuestiones también políticas, o que pueden influir en la política. Los principales candidatos y líderes, si su equipo de comunicación cree que puede ser competitivo en este terreno, saldrán en las revistas del corazón con sus familias.

Y otro producto relativamente reciente, que también se debe tener presente como realidad creciente desde un punto de vista cuantitativo –por lo tanto también en influencia–, son los periódicos gratuitos. En un principio, desde dentro de la profesión, muchos se resistían, por la lógica de la competencia y también siguiendo en cierta manera aquella máxima de Aristóteles que decía que «nadie reconocerá haber necesitado algo sin valor». El hecho de no pagar el precio simbólico de un euro por un ejemplar de diario suponía para muchos una puerta abierta a la bajada de ventas de los periódicos tradicionales, así como al menosprecio del contenido del producto periodístico y de la labor de los profesionales que lo componen. Pero estas reticencias han sido superadas en gran parte, hecho que se constata por la participación creciente en este tipo de iniciativas empresariales periodísticas por parte de grandes grupos mediáticos propietarios de empresas periodísticas tradicionales.*

* De entre los cuatro principales periódicos gratuitos de España – *20 Minutos*, *Metro Directo*, *ADN* y *Qué!*–, podemos señalar a modo de ejemplo que en el año 2005 el Grupo Zeta –editor, entre otros medios, de *El Periódico de Catalunya*– adquirió por 15 millones de euros el 20% del periódico gratuito *20 Minutos*. Zeta y el grupo noruego Schibsted, propietario del gratuito, valoraron *20 Minutos* en 70 millones de euros. El acuerdo firmado incluía una cooperación estratégica en el mercado español que incorporaba todos los campos en los que ambos grupos operan: prensa regional, revistas, gratuitos, impresión, distribución y comercialización. También en 2005, el Grupo Godó –editor de *La Vanguardia*– llegó a un acuerdo con el Grupo Recoletos –editor, entre otros, de *Marca* y *Expansión*– para hacerse con el 30% del periódico gratuito *Qué!*.

Según Piet Bakker, profesor de la Universidad de Amsterdam y uno de los principales expertos internacionales en el fenómeno de la prensa gratuita, en España hay cuatro periódicos gratuitos en el ámbito estatal y veinte locales, hecho que supone el 54% de la prensa en circulación. Las cifras que apunta Bakker muestran que en el año 2006 nacieron en el continente europeo 30 nuevas cabeceras, con 80 ediciones. La cifra de ejemplares diarios llega a los 24 millones y la cuota de distribución ha llegado al 60%. Para Bakker, el español es actualmente el mercado más porcep para la prensa gratuita, seguido del danés. Factores que el marketing político no puede despreciar y con los que los spin doctors deben contar a la hora de elaborar su plan de medios. El público potencial de receptores de la comunicación a través de estos medios es demasiado significativo para ignorarlo.

El 'on line' como inevitable futuro de la prensa

La comunicación política contemporánea, colonizada por las estrategias comunicativas marketinianas, ha reformulado su relación con los medios tradicionales, revitalizándola con la ayuda del progreso técnico. Pero hay que apuntar que, además, la comunicación política de los últimos años ha aprendido rápidamente el uso específico de las nuevas tecnologías de la información y la comunicación. Internet es una de las grandes novedades que empezaron a revolucionar la comunicación política a mediados de los años noventa. Su papel es creciente, en competición directa con medios como la propia televisión o la prensa en paralelo a un creciente acortamiento de la brecha digital en las sociedades occidentales. Su inmediatez, además, supera la de la mayoría de los demás medios, disputando también este reinado a la radio, y evidentemente superando con mucho a la prensa escrita tradicional y las parrillas televisivas.

En este sentido, Dominique Wolton nos plantea una interesante teoría de la insatisfacción, cuando defiende que no es posible aceptar el «conformismo crítico» que nos propone la televisión, a la vez que advierte que tampoco podemos prescindir de ella. Eso sirve para el gran público, pero también a los políticos se les plantea una dicotomía parecida, ya que para ser efectivos, para poder proyectar sus mensajes, ven claro que previamente necesitan tener un papel en los media, y muy especialmente en la televisión, que casi desde los inicios del marketing político contemporáneo y hasta la actualidad, a principios del siglo XXI, es pieza clave en toda estrategia de comunicación política. Este escenario plantea potencialidades pero también peligros importantes. Y es que los inicios de promoción de todo líder político tienen que hacer que éste supere unos índices de conocimiento muy discretos, que son los que caracterizan a la mayoría de la clase política, con excepción de unos pocos. Los demás parten de una notoriedad espontánea* muy baja, y ese es un obstáculo que deben superar los que quieren tener un papel en la escena política. Eso hace que los spin doctors hagan especial hincapié en su aparición en la televisión y la radio, sobre todo en este segundo medio en un primer momento. Y es que la radio es un medio de proximidad que en comunicación política es muy importante, sobre todo, en precampaña o en los inicios de un proceso de lanzamiento de un nuevo liderazgo. Permite una presencia continuada y actualizada, hecho que crea un hábito en el receptor, que poco a poco va percibiendo como cotidiano al político en cuestión. Una vez superada esta primera fase, la televisión adquiere definitivamente el protagonismo, sin compartir podio con ningún otro medio, pero siempre con la prensa como el medio transmisor de opinión entre las élites, como referencia. Y es que así como en campaña electoral oficial, la radio es un medio más complementario. La prensa y las nuevas tecnologías también tienen un papel. En el terreno del *online*, actualmente es inconcebible que un candidato no tenga una web, todas ellas con un apartado especial dedicado a la figura del líder, que siempre tiene un protagonismo más amplio que otros espacios, como el dedicado al programa electoral del partido. También los blogs se están convirtiendo en una figura a alza. Y aunque muy a menudo esta herramienta comunicativa cibernética en manos de los políticos no responde en estos casos al modelo genuino, cada día más políticos saben que tienen que estar ahí cada vez más, también, en los videojuegos. Es necesario que el líder «salga» mucho, incluso hasta allí donde la prudencia aconseja en más de un caso. De hecho, suena a caricatura, pero es reconocido que los políticos tienen una obsesión por la notoriedad pública, por un lado comprensible, pero que a menudo roza el ridículo. Paradigma sarcástico de este hecho es la frase que se atribuye al famoso director de circo norteameri-

* El concepto *notoriedad espontánea* se refiere a los políticos que la gente, preguntada en general sobre los que conoce, menciona y ubica correctamente. Es diferente de la *notoriedad asistida*, que indica el porcentaje de personas que, al efectuar un test de notoriedad, conocen un nombre a partir de una lista sugerida por el entrevistador.

cano P. T. Barnum, cuando respondió a un periodista: «Me da igual lo que escriban sobre mí siempre que escriban correctamente mi nombre.» La primera obligación de los políticos y de los actores, podríamos decir, es darse a conocer. Lo saben y actúan en consecuencia.

En los esfuerzos por construir –o enderezar, cuando haga falta– la imagen de un dirigente político es primordial el dominio del medio dominante. La influencia de los medios audiovisuales, y de la televisión más concretamente, ha ido creciendo a medida que han ido pasando los años, hasta llegar a nuestros días, en los que no se concibe una campaña electoral o una simple acción política sin su presencia. La televisión se ha convertido en la mayor fuente de información de la mayoría de los ciudadanos, y la información política es una parte de ella.

El marketing político es tan consciente de la trascendencia y del impacto del mensaje televisivo, que los encontronazos con la prensa no han tardado en llegar. Porque la legítima labor de intentar ajustar al máximo la imagen proyectada con la imagen deseada ha interferido, por ejemplo en las campañas electorales, en la legítima y básica tarea de los periodistas de informar libremente. En España, la polémica entre los profesionales de los medios de comunicación públicos audiovisuales con las instituciones políticas es ya una tradición en tiempo de elecciones. Los periodistas argumentan que las regulaciones políticas que establecen bloques electorales en los informativos expulsan de éstos el criterio profesional, mientras que los políticos con representación parlamentaria se aferran a ellos mayoritariamente para mantener unos mínimos de cobertura asegurados. Pero el problema surge de origen, cuando los profesionales encargados de observar el entorno, y de valorarlo para después escoger lo más relevante y así construir un relato informativo coherente, se ven condicionados por el orden y la duración de las informaciones que se establecen desde órganos no periodísticos. Así lo ven diferentes profesionales del periodismo que al mismo tiempo también ejercen en el mundo académico, y que consideran el establecimiento de los bloques electorales como «la negación del periodismo».

Pero los gabinetes de comunicación de partidos e instituciones, los profesionales del marketing político, insisten, conscientes de sus dificultades para «controlar» el discurso de los media. En este sentido, los bloques electorales ayudan en esta difícil dirección, conscientes de que la mayor parte del tiempo son los media los que marcan la pauta. Así pues, en tiempo electoral explícito, los spin doctors doblan esfuerzos en su intento cotidiano por tratar de marcar el paso, acotando la participación de los medios audiovisuales. La lucha para marcar la agenda es especialmente dura en estos periodos, y si además la tarea de *framing** –o enfoque– de los medios se suma a la de los contrincantes políticos, los esfuerzos de todos los partidos tendrían que dividirse en exceso, evidentemente, según los responsables de la estrategia y la táctica comunicacional.

En España, los partidos políticos no tienen la posibilidad de contratar espacios publicitarios en las televisiones privadas. En otras democracias como la norteamericana, estos espacios son herramientas clave para los partidos a la hora de intentar marcar la agenda en los medios audiovisuales. Este *handicap*, sin duda, influye en la voluntad «controladora» de formaciones políticas como las españolas en tiempos considerados especialmente decisivos, como lo son los quince días de campaña electoral oficial.

Pero la importancia de la televisión para los políticos no se centra sólo en el factor tiempo. La forma, la presentación, la imagen, también son factores clave. Y aquí el marketing político también tiene un ámbito de trabajo con la comunicación no verbal, que además de la imagen física del candidato incluye también la gesticulación, otro punto clave en la proyección del político a través de los media. Conscientes de la importancia de este factor, la inmensa mayoría de los políticos destacados de todas las formaciones políticas se someten a aprendizajes, correcciones o consejos en este ámbito. Así pues, los media, una vez más, condicionan la manera de hacer de los políticos. Hemos defendido que los líderes son iconos de sus partidos y de sus proyectos, en lo relativo a su expresión en los media siempre tiene que intentar sumar y no restar. Pero es evidente que de origen hace falta un cierto *carisma audiovisual* –o como mínimo potencialidades para crecer en este terreno–, entendiendo por este concepto el conjunto de consecuencias positivas de la comunicación no verbal para la calidad de la comunicación de un político.

La buena presencia física de un candidato no implica directamente que éste sea fotogénico o que dé buenos réditos en pantalla. La perfección de ciertas fac-

* Como sustantivo, *frame* significa, según el Diccionario de Oxford, «marco, límite, orden establecido, sistema, estructura, construcción, disposición o estado mental o emocional». Como verbo, *to frame* significa, entre otras cosas, 'dar forma' o 'preparar alguna cosa para su uso'. La traducción al castellano admite varias formas, de entre las más comunes: «encuadre», «marco» o «enfoque». La teoría del *framing* tiene su origen en el desarrollo de la denominada sociología interpretativa. En esencia, plantea que los periodistas hacen un relato de los acontecimientos con un enfoque particular.

ciones físicas, así como la percepción de que el protagonista es consciente de ello, puede crear un efecto negativo, que algunos autores describen como *sexrep-peal*, atribuible al peso emocional en la percepción, en contraposición al *sex-appeal* que en principio puede tener un rostro atractivo. Las percepciones, pasadas por el filtro de las emociones, condicionan la recepción del mensaje. Por tanto, se tiene que trabajar en ello. Pero es imposible una fiscalización integral del factor físico. Los esfuerzos se tendrán que centrar en los aspectos más obvios, ya que esta «educación» del factor no verbal es muy dificultosa y de resultados finales inciertos en la mente del receptor. Es decir, ya que parte del inconsciente del candidato –de los gestos, por ejemplo–, el aprendizaje es complicado y difícil de controlar. Y, por otra parte, los resultados son difíciles de valorar con unos mínimos de fiabilidad ya que la recepción del público siempre es subjetiva, ya sea con un prejuicio positivo o con uno negativo, y lo que a un ciudadano le puede causar un buen efecto a su vecino puede repelerle mucho, y viceversa. Por lo tanto, es necesaria una cierta educación en medios audiovisuales, pero centrada en los aspectos más obvios y comunes.

Llegar a sacar provecho del dominio de la gesticulación requiere un entrenamiento a conciencia sobre aspectos estándares, ya que son imposibles de controlar totalmente y hay multiplicidad de posibles interpretaciones. Hay algunas normas generales, que también se pueden saltar en algunos casos, como la que dice que no se debe señalar con el dedo al oponente, durante un debate, o al público en general. A este gesto se le atribuye una connotación excesivamente agresiva, pero no siempre, ya que en los casos de candidatos considerados «fríos» o «desapasionados», el efecto del dedo que señala puede quitarle peso a esta percepción, y al mismo tiempo puede darle iniciativa en el ataque, no proyectando la sensación de estar constantemente a la defensiva, fruto de ser el representante del partido instalado en el gobierno, cuando este es el caso.

Una pequeña luz roja será clave también en este proceso, concretamente en mítines y debates televisados. Los asesores de imagen se esfuerzan en hacer que los políticos sean conscientes en todo momento de qué cámara los está enfocando. Eso se lo revelará una pequeña luz roja encendida sobre la cámara, que en aquel momento es el ojo a través del cual el teleespectador está viendo al político. Los movimientos y la gesticulación del político se harán en función del enfoque de las cámaras. En función de eso, el político sabrá a qué cámara mirar, respecto a qué cámara moverse, y de ello dependerá buena parte de la credibilidad de su mensaje. Puede parecer exagerado, pero no lo es. ¿Alguien se imagina una entrevista con un político en la que éste dé la espalda a la cámara o que cuando se le pide que se dirija directamente al espectador la cámara capte su imagen hablando a otro lugar indeterminado? El resultado sería cómico y, por lo tanto, perdería credibilidad.

La comunicación no verbal que acompaña al discurso también se tiene que adaptar al modelo televisivo, ya que los primeros planos pueden hacer que parte de esta gesticulación no exista para el teleespectador y, en consecuencia, que sea inútil. Por ejemplo, una gesticulación que resulta mucho en televisión es la de enumerar los puntos de un discurso con los dedos mientras se habla. Este es un gesto muy visible y nada histriónico, que además reviste el discurso de un cierto aire de método científico que lo refuerza. La comunicación no verbal en el medio audiovisual. Un factor que hace de la imagen física de los líderes una pieza clave para trabajar por unos spin doctors que tratarán de ajustarla al máximo a las exigencias de unos medios de comunicación a los que quieren «gustar» al máximo. Y es que gustarles a ellos puede querer decir también gustar a los espectadores votantes potenciales.

Capítulo IV

¿La americanización de la política? Equipos en campaña permanente

Aunque a menudo se habla de americanización de la política o de campañas a la americana, no sólo en Cataluña sino en todas partes, aunque la influencia de los EE.UU. es innegable, hay que matizar que el fenómeno del marketing político y de las nuevas técnicas electorales tienen un alcance global, si bien es cierto que tienden a manifestarse primeramente en los Estados Unidos, con la relación directa que este hecho implica. Los dos rasgos principales que describen este fenómeno son los avances y la aplicación de las nuevas tecnologías, así como el poderoso papel que desempeñan los medios de comunicación de masas, y la progresiva desideologización de la política.

Aunque el término *americanización* siempre reviste de fondo –o en la misma forma– un absurdo tono negativo, la manera de hacer del marketing político que describe, una vez que los métodos demostraron su eficacia en los EE.UU., fue asumida de forma exitosa en Europa. Es la descripción de un éxito, de un estilo de hacer política, de un determinado tipo de estrategia para el combate electoral y partidista. En un contexto en que por estrategia entendemos la existencia de un plan calculado de acción y el uso de técnicas de comunicación coherentes con este plan, que responde a un objetivo conocido por el receptor del mensaje, hecho que facilita la comunicación. Los conocedores del mundo de la comunicación, pues, son un elemento clave e indispensable a la hora de componer un equipo estratégico, político y de comunicación.

Tras el término *americanización* a menudo se esconde un intento de simplificación de fenómenos mucho más complejos y que se ven reducidos a adaptaciones que imitan estrategias y tácticas de comunicación que primero fueron experimentadas en los EE.UU. De hecho, hay que desterrar visiones que desacreditan de raíz la actual manera de hacer política y de hacer campañas electorales equiparándolas a simples imitaciones del modelo americano. Hay que descartar esta opción (concebirlas como trasplantes artificiales), porque el marketing político se desarrolla en estrecha dependencia con el sistema electoral y con la modalidad de gestión del sistema de medios de comunicación propio de cada país. Es imprescindible constatar que no en todos los países existen las grandes distancias geográficas que, por ejemplo en los EE.UU., hicieron que los candidatos abrazaran los medios audiovisuales rápidamente para ahorrar esfuerzos y recursos a la hora de tener una presencia homogénea en todo el país. Igualmente, es determinante el tipo de sistema electoral de cada democracia, ya que según sea mayoritario o proporcional con listas cerradas, se basará más en el líder o necesitará más la propaganda en los medios de comunicación de masas. Si eso no pasa, el problema está en la adaptación y en la aplicación del método, y no necesariamente en éste.

Los media, actualmente, y de manera muy destacada en el caso de la televisión, transmiten *soundbites*, pequeñas cápsulas o flashes de imagen, de voz. En estos segundos se tiene que concentrar buena parte de la tarea persuasiva del mensaje. El auditorio que seguirá en vivo y en directo las diferentes comparecencias de los políticos es anécdota al lado de los millares de receptores que las seguirán a través de los medios. El discurso, pues, tiene que hacer posible la persuasión a través de los *soundbites* que protagonizarán los minutos mediáticos de los representantes políticos. Muy a menudo, como complemento, refuerzo y coartada ideológica de unas comparecencias protagonizadas por la imagen. Hay que influir en las creencias, en las actitudes y en la conducta. Y la conducta –la acción– que las campañas políticas buscan es el voto. Es decir, se intenta persuadir a los ciudadanos para que vayan a las urnas y voten por un candidato y un partido en concreto. Es cierto que la influencia de los medios simplifica al máximo el mensaje y centra la mirada en el *cómo* más que en el *qué*, pero aun así, para conseguir la persuasión, el mensaje del candidato también tiene que ayudar a influir en las creencias y en las actitudes del individuo.

La retórica tiene que identificar las estructuras argumentativas activadas por el emisor y por el receptor. La persuasión tendrá lugar cuando haya coincidencia de ambas. Pero ¿qué quiere decir persuadir? ¿Cómo sabemos que un receptor efectivamente ha interiorizado el sentido de la interpretación de la realidad propuesta por el emisor? El objetivo último de la persuasión es la acción. Y eso en el terreno político apunta al voto a una determinada formación. Pero para llegar a este punto hay un primer paso que es la convicción. Y en todo este proceso, los media son herramientas y actores. Carl I. Hovland investigó a propósito de la comunicación política a través de los media, y definió tres estadios sucesivos de la persuasión: los valores, las actitudes y los comportamientos. El discurso retórico influye en los dos primeros estadios, los valores y las actitudes. En el tercer estadio entran en juego factores personales y de contexto, que finalmente serán determinantes a la hora de decantar la balanza en un sentido o en otro. Pero es evidente la importancia clave de una estudiada canalización del mensaje a través del discurso.

El fondo de lo que busca la comunicación política es, pues, mucho menos caricaturizable de lo que pretenden los que intentan desacreditar la actual manera de hacer política aplicando etiquetas como la de *americanización*. Y la política históricamente se remueve en ella, de forma desacomplejada. Durante mucho tiempo, por ejemplo, los escritores de discursos se quedaban en el anonimato como *negros* de las estrellas políticas, hasta que en la campaña presidencial de 1960 John Fitzgerald Kennedy reivindicó esta figura haciendo público el papel de Theodore *Ted* Sorensen en su candidatura*. Este tipo de actores, imprescindibles, emergieron de la sombra. Y lo hicieron de la mano de un gesto valiente de un político que marcó una época. En los últimos años, la figura del spin doctor también ha emergido, y es sólo cuestión de tiempo que su papel pueda ser entendido en toda su dimensión, y por lo tanto asumido, evidentemente no de manera acrítica pero sí sin miedos que a menudo se demuestran fruto de la ignorancia.

¿Alguien sabe por qué hablamos de *americanización* cuando la aplicación sistemática de las técnicas del marketing político ya es una realidad extendida en toda la política europea y por extensión en la española? Y por tanto, ¿por qué seguir colgando una etiqueta *americanizadora* a una manera de hacer política que ya se ha convertido en global? ¿Quizás por aquella tendencia a teñir de una cierta negatividad todo lo que tiene que ver con el Imperio? Sin embargo ¿quién tiene miedo de la manera de hacer de la política actual? ¿Quizás los que desconfían de ella por lo mediática que llega a ser? ¿Quizás los que no saben identificar con claridad quién marca la pauta? ¿Los que desconocen totalmente quién toma la última decisión y dudan de si lo hace el líder, el partido, el jefe de comunicación u otra persona? En definitiva, los miedos, las etiquetas desfasadas que se le cuelgan y la estigmatización de la manera de hacer de las formaciones políticas y los gobiernos más adaptados al nuevo medio hipermediático no dejan de ser más que expresiones recurrentes y comunes a lo largo de la historia de muchas civilizaciones. Es el influjo de la igno-

* Adam Frankel, discípulo de Sorensen, fue un de los principales escritores de Barack Obama, bajo las órdenes del famoso Jon Favreau (a raíz de la campaña presidencial norteamericana del 2008).

rancia o del miedo ante lo que es desconocido o que se identifica como incontrolable. Pero ante eso, como cuando se acabó admitiendo que la Tierra era redonda, el primer paso es pasar página respecto de lo prefijado que nos detiene, así como asumir un mapa exacto que identifique el entorno donde nos tenemos que mover. Sólo así sabremos a ciencia cierta cómo es la política con la que nos las tenemos que ver. Sólo así podremos identificar a actores como los spin doctors, claves a la vez que desconocidos para una inmensa mayoría de los ciudadanos.

Pero más allá de señalar con el dedo a los que abrazan la política mediática en la que el marketing político marca buena parte de la pauta, es evidente que el peso de los estrategas electorales es cada día más decisivo. Y es que hace tiempo que el estilo de campaña permanente que Ronald Reagan impulsó en los años ochenta triunfa también en la vieja Europa. También en España, donde los jefes de campaña amplían su capacidad de decisión mucho más allá de los quince días de carrera electoral oficial.

El cambio generacional ha sido clave en la adaptación a un nuevo escenario donde el carisma abre paso a una política hecha de equipos cada día más profesionalizados. De hecho, el profesionalismo político se ha convertido en la capacidad de no dejar nada al azar, no omitir ningún detalle, no hacer ninguna declaración espontánea, no dejar a ningún periodista sin informar, explorar todas las oportunidades y anticiparse a todos los obstáculos. Y se necesita mucha materia gris dedicada a este escenario. Mucha desde el punto de vista de horas invertidas y también desde un punto de vista de recursos humanos, como se refleja en unos cada vez más inflados gabinetes de prensa o comunicación de partidos e instituciones.

Eso no evita que la constatación de que las campañas políticas también se hacen desde las instituciones sea dura de digerir para muchos ciudadanos, y especialmente para los adversarios políticos que tienen que competir desde los fríos asientos de la oposición. De ahí nace buena parte del estigma negativo que pende sobre la actual manera de hacer política. Un estilo que los americanos empezaron a aplicar sistemáticamente y profesionalmente, y que genera rechazo cuando se hace demasiado evidente. Porque el mensaje que se puede transmitir con facilidad desde partidos e instituciones es que el marketing se convierte en más importante para ellos que el mismo ejercicio de la política. Es decir, que el poder es un objetivo en sí mismo, y no tanto un instrumento al servicio de la transformación y mejora de la sociedad. Cuando se confunden estas prioridades, o cuando se proyecta la imagen de que eso puede ser así, entonces la política fracasa.

Así pues, la mirada de sospecha está ahí. La utilización de la etiqueta *americanización* es recurrente, también para ligar la política a los recursos desproporcionados que algunos partidos e instituciones se gastan en su proyección mediática. Y es que ciertamente hay quienes piensan que gastando diez veces más tendrán diez veces más votos. Pero más allá de excesos presupuestarios o de fuertes convicciones que acaban convirtiéndose en obsesión, la realidad presente (a derecha e izquierda del hemiciclo, y del más grande al más pequeño) es que un director de campaña o de gabinete decide cada vez más una estrategia de partido. Y es que su tarea es cada día que pasa más imprescindible, porque ante unos medios de comunicación que condicionan la agenda de campaña permanentemente, partidos e instituciones tienen que elaborar mensajes pensados para dirigir la mejor y más efectiva réplica posible. Al mismo tiempo, no hay que olvidar que cada medio hace su campaña, cada vez de forma más descarada y admitiendo las dependencias políticas de los grupos mediáticos.

Equipos en campaña permanente

La tarea de la consultoría externa responde a las necesidades de planificación, de estrategia y de investigación de una organización, en un proceso en el que los partidos tienen la última palabra a la hora de tomar todas las decisiones. Eso es la regla general, sin embargo la situación de nuestro entorno político más inmediato se siente más cómoda con el control total desde dentro de lo organización. Eso no quiere decir, sin embargo, que los asesores externos, profesionales del marketing político, tengan un valor anecdótico. El camino apunta a una integración progresiva de los asesores externos en las estructuras del partido en los órganos de decisión de la organización, en el ámbito partidista e institucional. La prueba más clara de ello la encontramos cuando una vez ganadas las elecciones presidenciales de 1981, Ronald Reagan incorporó a todas las personas que se habían ocupado del aspecto comunicativo de su campaña electoral en su equipo de comunicación de la Casa Blanca. El objetivo: revalorizar la acción de Gobierno. Aquella incorporación de los asesores de comunicación potenció a ojos de todo el mundo su trabajo e hizo famoso el concepto norteamericano de la *permanent campaign*.

En 1996 José María Aznar hizo lo mismo con la Fundación para el Análisis y los Estudios Sociales (FAES). La primera etapa de Aznar en el gobierno contó con la influencia destacada del periodista Miguel Ángel Rodríguez en el núcleo de decisión de la estrategia comunicativa. La caída de éste, en julio de 1998, hizo que el también periodista Carlos Aragonés se convirtiera en el principal spin doctor de la Moncloa *aznarista*. Aragonés, que había desembarcado con Aznar en la sede del Gobierno español como director del Gabinete de la Presidencia del Gobierno, sería la punta de lanza de un grupo bien nutrido y preparado. Gabriel Elorriaga era uno de los principales cerebros de la FAES y pasó a ocupar el cargo de subdirector del Gabinete de la Presidencia. El que fue secretario general de la FAES, Baudilio Tomé, fue director del Departamento de Asuntos Económicos y Sociales del Gabinete de Presidencia, director de la Oficina del Presupuesto, secretario de Estado de Telecomunicaciones y Sociedad de la Información y director de Estudios y Comunicación Política del Gabinete del Presidente del Gobierno. Otro ex secretario general de la FAES, Alfredo Timmermans, pasaría a asumir la dirección de Asuntos Institucionales de la Presidencia y, más adelante, la subdirección del Gabinete del Presidente y secretario de Estado de Comunicación. Uno de los creadores de la fundación, Miguel Ángel Cortés, fue, primero, secretario de Estado de Cultura y, después, secretario de Estado de Cooperación Internacional. Ellos conformarían la guardia pretoriana de Aznar, también en la Moncloa. Otros destacados componentes de la FAES ocuparon importantes cargos en los dos gobiernos de Aznar: Pío Cabanillas fue director de RTVE (1998-2000) y ministro portavoz (2000-2002); Pilar del Castillo fue directora del CIS (1996-2000) y ministra de Educación y Cultura (2000-2004); José María Michavila fue secretario de Estado de Relaciones con las Cortes (1996-2000), secretario de Estado de Justicia (2000-2002) y ministro de Justicia (2002-2004). Y así un largo etcétera. Así, en la línea de la *permanent campaign*, el equipo del líder se alimenta de profesionales de la comunicación y estrategas electorales, y son ellos los que conducen la proyección del candidato y de la obra de gobierno, a su servicio.

En el marco de esta estrategia comunicativa, la tarea del consultor externo es complicada, ya que las riendas las lleva gente implicada directamente en el proyecto y con unos criterios y unas líneas de trabajo ya definidos. El *backstage* del líder, allí donde se deciden las estrategias, donde se desarrolla el mensaje o los contramensajes, es trabajo de los consultores, en los países anglosajones. En España, sin embargo, los profesionales de la comunicación del partido político se ocupan del *front office*, conduciendo la relación con los media, así como también del *backstage* Y eso pasa tanto en los partidos en la oposición como en los partidos que gobiernan. Y es que una vez llegados al poder hay que mantenerse, y por lo tanto siguen siendo necesarias las técnicas del marketing político, de cálculo estratégico y de creación de imagen. Así vive la política actual. En campaña permanente.

Según destaca Dan Nimmo, comunicólogo norteamericano especializado en el estudio del marketing político, la paternidad de la expresión *campaña permanente* hay que atribuirla a Sidney Blumenthal, quien se habría inspirado en la «revolución permanente» de León Trotski a la hora de concebir el término. Así, según Blumenthal, «Como la revolución permanente de Trotski, la campaña permanente es un proceso de continua transformación. Nunca se detiene, y continúa una vez se toma el poder [...] gobernar se ha convertido en una campaña perpetua que rehace del gobierno un instrumento diseñado para mantener la popularidad pública de los electos».

Con este antecedente, pues, es evidente que la etapa de Ronald Reagan en la Casa Blanca marcó un momento destacado, como caso paradigmático de apuesta decidida y con medios, de esta campaña permanente en la que se ha convertido la política contemporánea. Pero éste no sería el origen de un fenómeno que muchos estudiosos sitúan bastante más allá de nuestro siglo y del pasado. Por ejemplo, hay quienes sitúan un cambio de modelo a partir del imperio del capitalismo, que habría redefinido la relación entre los políticos y el marketing, y se habría introducido la *permanent campaign*.

Y también siguiendo las tesis de Nimmo, podemos describir el camino de relación entre el marketing político y la campaña permanente en las siguientes cuatro fases:

1. *La fase de los antecedentes* (antes de 1700). Un periodo caracterizado por un corto, o incluso inexistente, control del «mercado» político. Las campañas, por no hablar de la campaña permanente, eran completamente innecesarias en los tiempos prerrepublicanos y precapitalistas.
2. *La fase de los orígenes* (1760-1840). Hacia mediados de siglo XVIII en el Reino Unido, y a principios del XIX en los EE.UU., cuando proliferan las asociaciones de voluntarios, ante los desafíos y el declive de los partidos predominantes, extendiendo la participación política y pidiendo reformas electorales, a la vez que emergía el marketing en las campañas políticas.
3. *La fase de los mercados partidistas* (1950-1970). Al principio del siglo XIX, en el Reino Unido y en los EE.UU., las reformas ensancharon el mercado electoral y las campañas políticas, así como los esfuerzos de los partidos por institucionalizar las técnicas marketinianas, adaptándose a la popularización de la política.

4. *La fase de la campaña total* (hasta la actualidad). Las campañas de Margaret Thatcher (1979) y de Ronald Reagan (1980) borran los restos de las líneas divisorias entre los tiempos de campaña y las tareas de gobierno. La utilización de las técnicas del marketing político se convierte en continua, especializada, refinada y adaptada a los media.

Encuestas. ¿«vox populi»? ¿«vox dei»?

La adaptación al entorno es clave para los políticos con opciones reales de acceder al poder. Y en este sentido, es obvio que esta necesidad es vital originariamente para aquellos que ya están instalados en él. Aun así, lo que ya no es tan razonable es una obsesión que invade a muchos políticos y sus entornos más inmediatos. Lo cual les hace depender de la demoscopia, de las encuestas y los sondeos de opinión. Éstos a menudo se integran y forman parte de la misma oferta de los medios, pero en muchas otras ocasiones son directamente herramientas indispensables y de referencia para los políticos. Se han convertido para muchos profesionales de la política en un espejo de la opinión pública al que se le otorga una credibilidad que en ciertos casos supera el impacto que los media provocan sobre los políticos. Los sondeos, más que *vox populi,* actúan como *vox dei* para muchos profesionales del marketing político.* Muchos medios así lo creen, y en consecuencia, la prensa y la televisión encargan encuestas políticas,

* Los periodistas son conscientes de ello, y así lo hacen constar en las columnas políticas dominicales, como hace el jefe de la sección de Política del periódico *La Vanguardia*: «Aseguran que Tony Blair y José Luis Rodríguez Zapatero no salen de casa sin haberse leído la última encuesta de su gabinete. Consta además que entre las mil preguntas que se plantean, ahora se averigua cuáles son las palabras que más gusta oír a la gente... Por ejemplo, se pregunta qué suena mejor: *¿Diálogo? ¿Firmeza? ¿Unidad? ¿Paz? ¿Derrota? ¿Pacto Antiterrorista?* Y les piden que las valoren, las puntúen y las ordenen de más simpática a más antipática. Y si, pongamos por caso, la palabra *diálogo* resulta especialmente agradable, el señor Blair o el señor Zapatero, venga o no venga a cuento, pronuncian esa palabra pregunten lo que les pregunten los periodistas, como si se tratara de un *abracadabra,* con efectos mágicos en los índices de intención de voto. Seguramente la palabra *diálogo* tiene mucha simpatía entre los entrevistados por la Moncloa, porque esta semana el presidente del Gobierno la ha pronunciado un millar de veces, sobre todo después del debate parlamentario del lunes, cuando podía parecer un concepto que el atentado de Barajas habría convertido en obsoleto. Pues no. ¿No abominaba Mariano Rajoy el diálogo?, pues dos tazas». J. Barbeta, «¡Viva Federico!». *La Vanguardia* (21 de enero de 2007), p. 23.

de manera regular, para intentar marcar la agenda también a través de este flanco. Y es que los media son los grandes creadores de realidad en tanto que la proyectada por ellos es una realidad aceptada por la mayoría de los actores, la que hace que la opinión pública emerja no tanto de un grupo social como de los líderes de opinión que se proyectan a través de los medios de comunicación de masas. El público y el cuerpo electoral no equivalen por sí solos a la opinión pública. Ante esta certeza, los media a menudo se apropian de esta representación. Y los sondeos también.

Así, aunque es obvio que los políticos intervienen en el proceso de conformación de la opinión pública con notable eficacia, los media condicionan la forma como los políticos ejercen y orientan esta actuación. La democracia representativa delega en los políticos la transmisión de los mensajes de los ciudadanos. Pero es evidente que esta función, en el contexto de la sociedad de la información, la tienen que compartir con los medios de comunicación y con los sondeos de opinión, que para muchos políticos se convierten en las únicas representaciones posibles de la opinión pública, y que según algunos autores llegan a confrontarse en algunos casos.

El peso de los sondeos acompaña a un liderazgo político exactamente desde el momento de su propia génesis. No olvidemos que el primer paso del marketing político de un candidato consiste en hacer un posicionamiento de marca. Hay que conocer las necesidades, las inquietudes y las demandas del público potencial, para dibujar la oferta que se pondrá en el «mercado» electoral. Y eso se tiene que hacer con un margen de tiempo importante respeto del lanzamiento del producto/oferta electoral. Éste es un factor clave en la puesta en marcha de todo el proceso. Una vez identificados posibles blancos o públicos de la comunicación política escogida, hay que encontrar la forma más adecuada para conducirla en cada caso: comunicación directa o comunicación indirecta a través de transmisores de opinión. Los transmisores y los líderes de opinión podrán ser desde los medios, los altavoces que el partido tendrá a su alcance para proyectarse a un público, en función de afinidades políticas. Se tendrá que segmentar en función de características sociológicas –sexo, edad, categoría sociolaboral, estilo de vida, hábitos de consumo...–. En esta fase hay que decidir si dirigirse a los fieles o a los indecisos, o a los dos al mismo tiempo. Hay que escoger sin tener nunca la certeza absoluta de lo que resultará mejor.

Y para todo este proceso hace falta una buena prospección de campo. De hecho, muchos grandes líderes, históricamente, han tenido la necesidad de escudriñar el futuro en las vísceras de los animales o recurrir a los oráculos. Lo que eran las sacerdotisas de Delfos para los griegos del Hélade son hoy los sondeos para los políticos. Como mínimo, este papel, entre la videncia y el esoterismo cientifista, lo desempeñan desde hace años los expertos en demoscopia, los spin doctors.

La información es poder. Es primordial conocer a tu destinatario, el público potencial que recibirá tu comunicación, la estrategia de los adversarios o los puntos fuertes y débiles de sus programas. Todo no se puede confiar tan sólo al olfato político, y más si se tiene en cuanta que cada vez son menos los «animales políticos», líderes que hacen ostentación de esta intuición privilegiada. Pero los tiempos han evolucionado y a principios del siglo XXI se tienen muchos elementos técnicos que complementan a los estrategas de los diferentes partidos.

Las actitudes se basan en las creencias y, al mismo tiempo, se componen de elementos cognitivos, afectivos y conductuales, se desarrollan durante un periodo de tiempo, son relativamente estables, frecuentemente reforzadas y difíciles de cambiar. Todas estas características deben ser tenidas en cuenta a la hora de elaborar una estrategia de persuasión. Porque las actitudes no determinan o predicen nuestra conducta, pero nos predisponen a actuar en un sentido determinado. No en balde también de la conducta se infieren las actitudes, y de ahí que los antecedentes de voto sean una información esencial.

Muchos políticos, influidos por sus spin doctors, hacen un uso sistemático de estas herramientas. ¿Quizás en exceso? ¿Quizás es necesaria una reivindicación de la prepolítica y de una manera de hacer que políticos de éxito han protagonizado durante muchos años? Seguramente, pero cada vez quedan más lejos los tiempos del ágora donde el político podía disponer de información sobre el latido del día a día de su sociedad. Encuestas y sondeos –junto con los medios de comunicación– toman el relevo de la prepolítica en el liderazgo de este conocimiento. Con todo, la comunicación política es obvio que no puede vivir de maximalismos o de apuestas ciegas. De lo contrario haría que fracasara radicalmente. En este sentido, la utilización de la demoscopia siempre tiene que transcurrir anexa a una constatación: estas herramientas son simples simulaciones, y no un comportamiento real observado. De ahí su falta de fiabilidad absoluta, que no las deja de hacer herramientas básicas para obtener información sobre el estado de la cuestión de todo lo referente al escenario donde se decidirá al ganador o al perdedor de unos comicios. Porque todo indicio es poco para acertar un análisis que si se hace mal condenará al fracaso toda la operación. Los sondeos y las encuestas son claves, sobre todo, en la fase previa a la selección de blancos/públicos y temas de campaña, después de la «campaña de prueba», si existe, y durante la misma campaña electoral o durante un mandato político.

Gran parte de los conocimientos sobre los receptores de la comunicación política se basan en las características sociopolíticas de la población. En este sentido, estar en el gobierno da acceso privilegiado a registros de censos, informes sobre resultados de elecciones anteriores, impuestos o registros de bienes, listas de múltiples asociaciones y de sus dirigentes, encargos de sondeos. Por tanto, los partidos de gobierno tienen una clara ventaja, ya que aunque todas las formaciones políticas disponen de encuestas propias, los recursos de la Administración son difícilmente igualables. Todo dato que facilite características particulares de los receptores de la campaña de comunicación puede ser muy útil, por ejemplo, cuando se deben seleccionar los objetivos. Siempre se pueden encontrar otros nuevos.

Dice el tópico que la gran encuesta llega el día de las elecciones. De hecho, el análisis de los resultados de las elecciones anteriores siempre constituye un elemento que hay que tener bien presente. Ofrece datos exactos y precisos, si bien a menudo muy lejanos en el tiempo, hecho que relativiza su importancia. Sin embargo, siempre que tengamos esto bien presente, el análisis se tiene que hacer y es útil. Elecciones cercanas en el tiempo a la protagonista de nuestra campaña también aportan *inputs* que hay que valorar. Y a pesar de los peligros potenciales que ya hemos apuntado, las encuestas de opinión son una de las mejores herramientas de análisis que tiene el marketing político. Porque éste, contrariamente al marketing comercial, no puede disponer de fuentes de información como las curvas de ventas o el control de existencias. Así lo consideran la mayoría de las fuerzas políticas, que destinan un presupuesto importante al marketing político, y dentro de éste, una buena parte a las encuestas de opinión.

Al fin y al cabo, el gran efecto colateral de las encuestas de opinión consiste en el hecho de que además de ser hojas de ruta en el complicado y nebuloso camino de la descodificación de la opinión pública, también crean opinión pública. Lo hacen de forma externa y también en el propio ámbito de la política, influyendo en el comportamiento, en los discursos y en los actos de los políticos. Y es que también pueden marcar la agenda, como saben los políticos y los medios de comunicación. Y por descontado que lo saben unos spin doctors que trabajan permanentemente.

Capítulo V

La manufactura del relato

Históricamente, la gran manufacturera de relato había sido la religión. No sólo por la concepción sistemática de este tipo de género, sino también por su artesanal elaboración y por el cuidado y la intensidad con que tradicionalmente se ha dedicado a su transmisión para conseguir la recepción de un mensaje concreto, diferenciado y de impacto. Pero el actual contexto pesa hasta el punto de que la propia Iglesia católica, que en nuestro país ha sido durante siglos uno de los poderes fácticos más influyentes, tiene que buscar un nuevo tipo de influencia y ésta llega cuando se convierte en mediática. Es decir, el ejemplo de la COPE en España nos muestra cómo un actor social de peso (en este caso la Iglesia) consigue tener una presencia y moviliza a millones de personas en torno a una agenda que la misma institución prioriza, y no lo hace adquiriendo la forma de poder fáctico, sino de poder mediático, que es lo que se estila y que funciona en una sociedad hipermediática en la que triunfan aquellos que mejor se adaptan al lenguaje de los medios. O aquellos que directamente se hacen con el control o la complicidad de un gran medio o de un conjunto de éstos.

Aquí, los conocimientos y las técnicas que despliegan los spin doctors en el ejercicio de su tarea resultan de primera necesidad en el contexto político contemporáneo. Es así de claro en una sociedad tecnológica, en red, que crece en clave audiovisual y en la que la influencia de los medios de comunicación como grandes constructores de realidad es cada día más determinante. La política no puede zafarse de ello y ha de aceptar unas normas de interacción que en gran parte vienen marcadas por las necesidades y el *tempo* de los medios. Así, al igual que un buen líder ya no puede dejar de ser un buen comunicador –un líder mediático–, los partidos políticos y sus estructuras también asumen nuevas esclavitudes, adaptándose a un contexto donde los medios de comunicación se convierten en troncales para una política cada día más entendida como proceso de comunicación.

Del análisis y del estudio del actual contexto político extraemos un decálogo de constataciones que redundan en la consideración de los spin doctors como «cómplices necesarios» en la manufactura de la política tal como la conocemos:

1. Los spin doctors ya no se limitan sólo a marcar directrices comunicativas, sino también políticas. Así es en su intervención en la forma pero también en el fondo y en el desenlace de debates políticos de primer orden. Y es así como la adaptación de los partidos a la democracia mediática los condiciona de raíz unas estrategias que, a pesar de todo, verán a menudo que alcanzan victorias puntuales en la batalla diaria que libran con los medios con vistas a la construcción de las propias agendas y de la agenda pública. En tiempos de campaña permanente y en tiempos del imperio de un lenguaje mediático y audiovisual que impone la simplificación de los mensajes y de los argumentos, la comunicación política se convierte en sinónimo, cuando no en apéndice, del marketing político. La asunción del lenguaje comercial por parte de unos políticos que durante buena parte de la legislatura permanecen en el escaparate diluye las diferencias entre unos contrincantes cada día más expuestos al enfoque que hacen los medios de comunicación. Pero los partidos no se resignan, luchan con las mismas armas que los medios, y cuando éstas no son suficientes, profundizan en las complicidades entre política e intereses económicos, que al final del trayecto acaba siendo uno de los grandes yugos que pesa sobre unos medios de comunicación en creciente dilución en medio de grandes conglomerados y grupos mediáticos.
2. El relato político se convierte en relato mediático. Los debates políticos se convierten en debates mediáticos o no existen. Y es así como el peso de los medios de comunicación es nuclear a la hora de decidir la táctica política, un espacio que se ha comido la visión estratégica y que hace que las diferentes formaciones centren sus esfuerzos en el intento de control de la agenda mediática y de la propia agenda, en un día a día que el *tempo* de los medios hace trepidante y que deja poco margen de maniobra. De ahí el peso del marketing político en la práctica política del presente, en tanto que la *permanent campaign* lo hace protagonista de la mayor parte de una vida política –también la institucional– que va tan sobrada de táctica como carente de estrategia. La adaptación al *tempo* y a las necesidades de los medios tiene mucho que ver con eso.

   Por tanto los medios tienen un peso decisivo, pero no son actores que interpretan ante unos espectadores pasivos. No por lo menos, si eso depende de los políticos y de unos spin doctors que de la mano de sus estrategias comunicativas intentan influir en las actitudes y en los comportamientos de los electores, a través del control o la dirección o la modelación o el aprovechamiento o la respuesta a los efectos de los medios en su público potencial. Los políticos también construyen realidad, y lo hacen en competición con otros actores sociales que se disputan un espacio en la agenda mediática.

3. En las últimas décadas, las prácticas que han ido adoptando las formaciones políticas a la hora de hacer llegar sus mensajes –en campaña electoral explícita y más allá– han incorporado nuevas técnicas inspiradas en la promoción comercial. Este hecho no sólo ha modificado el ámbito de la comunicación política, sino que también ha transformado la propia política. Son muchos los que lo han criticado y lo critican de forma especialmente cruda. Y tampoco hay que defender sin enmiendas este escenario, pero es un hecho que la mercadotecnia política se ha hecho imprescindible, que todo político destacado tiene que aprender a vender su imagen, y que los medios de masas se han convertido en los grandes protagonistas del proceso político. Con todo, la homologación total entre el marketing comercial y el político es una opción errónea. Pero sí que es cierto que mayoritariamente se concibe al votante como un consumidor que tiene que escoger entre una gama de productos, en este caso líderes y partidos políticos. Periodistas, publicistas, politólogos y sociólogos figuran entre los profesionales cuya misión es «vender» al líder o una determinada opción política.
4. Cada día más, el ejercicio de la política necesita un mayor reparto de juego, un mayor número de actores. En política, los tiempos de los liderazgos carismáticos han dejado paso a unos nuevos, más elaborados, más estudiados, más artificiales, pero igualmente legitimados por las urnas. El liderazgo político, pues, es trabajo de equipos que necesitan como nunca los medios de comunicación para proyectarse en la sociedad. Por sí mismos, los medios de comunicación no son garantía del éxito de un candidato, pero sí que lo pueden ser de su fracaso. Lo han sido durante el siglo XX y lo son a principios del XXI. John Fitzgerald Kennedy, precisamente uno de los primeros políticos en asumir como aparte de su estrategia política las técnicas del marketing político, dijo: «El futuro no es un regalo, sino una conquista». Una conquista política que ya tiene como principal campo de

batalla los medios de comunicación. Un contexto que configura el mismo fondo del ejercicio de la política, ya que al fin y al cabo el discurso político es una forma de representación en la que el objetivo es transformar la realidad al servicio del poder. En este sentido, el marketing político, a pesar de la sofisticación de sus técnicas, no es un remedio milagroso, sino solamente un apoyo de eficacia variable. Y es que el objetivo es establecer la agenda política, mediática y social, pero la interacción entre estos tres universos no asegura siempre los efectos deseados.

5. Los spin doctors están dispuestos a hablar de tú a tú a unos medios de comunicación que condicionan –cuando no distorsionan– el debate, el *tempo* y la misma concepción de la política, a la vez que ésta se resiste, interactúa o se aprovecha a través de una campaña permanente en que las herramientas del marketing político son cotidianas y ayudan a las formaciones políticas a adaptarse al lenguaje simplificado y directo –«comercial»– que exigen los medios. Los distintos sistemas mediáticos que interactúan en torno a la comunicación política son complejos y se estructuran estableciendo relaciones dialécticas entre diferentes actores como los grupos de comunicación, los medios de comunicación de masas, las agencias de publicidad y relaciones públicas o los gabinetes de comunicación. La práctica diaria demuestra que estos diferentes actores necesitan profesionales competentes en todos estos campos: periodismo, relaciones públicas y publicidad. En los gabinetes de comunicación las líneas divisorias entre las profesiones de periodista, publicista o relaciones públicas se hacen difusas. Y más en la *era de la información*, ya que, como defiende Manuel Castells, hace años que estamos ante un nuevo sistema *multimedia*. Y a la hora de intentar definir, concebir o acercarse al marketing político, hay que tener esta realidad muy presente.
6. Vincent Price divide a los implicados en el proceso de opinión pública en «actores» o protagonistas del proceso, «espectadores» o público espectador, y en medio sitúa a los periodistas. Cada uno de estos actores públicos, y el mismo público, tiene un papel en la formación de la opinión pública. Los partidos son conscientes también de las consecuencias políticas que eso comporta o puede comportar. De su adaptación a este escenario se derivan dos cosas importantes: la personalización de la política y su invasión por las necesidades de los medios. Y es que cuando la política a través de los medios de comunicación implica la personalización de las ideas

políticas en los líderes de los partidos, son ellos –con sus spin doctors–, y no la estructura tradicional de partido, los encargados de transmitir mensajes al público, siempre a través de los medios. Esta personalización tiene diversas consecuencias en la vida política, ya que, por ejemplo, el discurso público se debilita a favor de una importancia creciente de la política visual y simbólica, por lo tanto, de la política vista como un espectáculo y también como un producto que hay que vender. Así, la política pasa a ser un asunto gestionado por el marketing, que trabajará las ideas fuerza y los eslóganes que quiere que protagonicen los titulares de los periódicos y de los informativos televisivos o radiofónicos. Son mayoritariamente los medios de comunicación los que transmiten los mensajes políticos, y lo hacen según sus propias reglas. Así, no puede extrañar que la política se convierta a menudo en un espectáculo, ni tampoco que el discurso político quede diluido ante las necesidades de los medios de comunicación, y muy especialmente de la televisión.

7. En este escenario, cambian las condiciones necesarias para que un líder movilice a su auditorio sin tener que poseer necesariamente cualidades carismáticas. El carisma básicamente reside en los ojos del que mira. Es decir, del auditorio o del electorado. Ahora bien, todos los líderes carismáticos se caracterizan por su elocuencia y por el dominio del lenguaje de las emociones. Por tanto, más allá del carisma, los medios de comunicación son básicos en el proceso de creación de los liderazgos políticos, ya que los medios son la base del actual marketing político, que al mismo tiempo es imprescindible para la consolidación de los liderazgos contemporáneos. A través de los medios, el líder existirá, protagonizará un porcentaje abrumador de la comunicación política de su formación, de la que será su marca, el principal icono, y a partir de ahí ejercerá y demostrará buena parte de su capacidad de influencia y de movilización. Hoy más que nunca, pues, un buen líder político tiene que ser, sobre todo, un líder mediático.
8. El desarrollo tecnológico ha constituido y sigue constituyendo uno de los principales motores de unas sociedades modernas que avanzan, en gran manera, por el imparable desarrollo de los medios de comunicación. Un crecimiento que ha hecho creciente, polémico y hasta un cierto punto molesto, el papel de los medios de comunicación en el mundo de la política. La nueva esfera pública tiene como uno de los elementos más característicos la centralidad de los medios de comunicación. En coherencia

con ello, hace años que también en nuestro país, la movilización política, la gobernabilidad, la legitimación y las crisis políticas se contemplan con los medios como chivos expiatorios o como colaboradores indispensables para la estabilidad y para el consenso. La creciente utilización del marketing político es una consecuencia más de este escenario. Se ha roto el tradicional proceso de comunicación, y las relaciones interpersonales como fuente de información se ven claramente superadas por una nueva etapa en la comunicación política actual, donde los medios audiovisuales se convierten en el elemento clave del proceso. Este nuevo puente entre emisores y receptores implica una mayor eficacia en el proceso comunicativo, sobre todo cuantitativamente, porque es obvio que reduce el margen de actuación de la política –de más corto plazo y personalizado en exceso–, así como simplifica considerablemente sus mensajes. A la vez, el poder y sus protagonistas se hacen más transparentes. Acceden mejor al ciudadano, pero también se exponen más, con los riesgos que ello comporta, con respecto a imagen y aceptación. Los medios de masas marcan la pauta, y es así como el marketing político se convierte en herramienta indispensable para adaptarse a su lenguaje, a menudo con consecuencias sobre la manera de hacer política, con unos partidos que se reconocen arrastrados por la agenda mediática.

9. Los medios se otorgan la representación de una opinión pública que ellos mismos crean. Por lo tanto, deciden en buena parte qué es valorado por la sociedad, y también marcan la inclinación de esta valoración. Los medios pueden crear estados de opinión que son también una forma de coacción social. Ante la aparente posición de indefensión en que se encuentran los ciudadanos en este esquema, no es extraño que determinados emisores de información cedan a la tentación de manipular la siempre manipulada realidad de los hechos, para imponer sus puntos de vista de forma persuasiva.
10. La aparición de Internet ha sido una de las nuevas revoluciones dentro de las herramientas de que disponen el marketing político y las campañas electorales. Internet ha sido, por ejemplo en los últimos años en España, un vehículo muy útil para la difusión de una propaganda negativa que nunca como ahora había tenido tanta repercusión mediática. Y es que Internet es un medio que ya hace años que está al mismo nivel que la televisión, y que incluso la supera en algunas franjas de población y de

edad, especialmente entre los jóvenes. Se ha revelado como un instrumento muy útil de canalización de la propaganda política y YouTube es el máximo exponente, con un importante número de visitas diarias que sigue aumentando. Los partidos empezaron por colgar ahí sus vídeos electorales, campañas de desgaste contra los adversarios, propaganda negativa y otros recursos del marketing político audiovisual. Actualmente, la mayoría tiene sus propios espacios a modo de canales de televisión. Igualmente, el vídeo también triunfa en el mundo de los blogs, con un *crescendo* que tiene como paradigma videoblogs de líderes políticos de primer nivel como el líder *tory* británico David Cameron.

Capítulo VI

Spins de ayer, de hoy y de siempre

Las reglas en cuanto a la actuación de los spin doctors no están escritas en ningún sitio. Citando al poeta podríamos decir que su reinado no es de este mundo. Existen pero tendrían que hacer como si no existieran, así que un libro de estilo o un manual del buen spin serían evidencias demasiado explícitas de una existencia que tiene que moverse en el terreno de lo implícito. Sus decisiones son clave, pero lo ideal es que sea el líder quien las capitalice de principio a fin. De esta manera, sí que existe una regla no escrita que acompaña por la vía de los hechos a estas criaturas imprescindibles en el ecosistema político. Dicha en una frase: la primera regla del *spinning* es que, una vez el mismo *doctor* se convierte en el relato, su utilidad se acaba. Porque ellos son los manufactureros, y no el modelo que tiene que lucir el relato para hacerlo atractivo al público.

Cuando la importancia clave de su tarea de producción ciega al spin doctor y le tienta a dejar la trastienda para pasar a desfilar a pie de escaparate, ha empezado un camino sin retorno lejos del ámbito que lo ha hecho importante para el líder. ¿Pero cómo resistirse? ¿Qué hacer para no rendirse a la vanidad de «tener un papel», especialmente unos personajes que tienen muy claro que en nuestra sociedad quien no sale en los medios no existe? Sólo podrán hacerlo los spin doctors más vocacionales y consecuentes con el papel que les ha tocado o que han elegido asumir. Más allá del éxito o del fracaso de sus líderes, ésta será la gran diferencia entre éstos y aquéllos profesionales. Una diferencia que se palpa, por ejemplo, de la mano de diez casos de spin doctors que en nuestro entorno más inmediato o bien lejos, ahora o hace unos años, son paradigma de un tipo de actor clave de la política contemporánea y de sus contradicciones.

George Stephanopoulos *Con el estilo de las estrellas de Hollywood*

- Su nombre completo: George Robert Stephanopoulos.
- Lugar y fecha de nacimiento: Massachusetts, 1961.
- Su libro autointerpretándose: *All too human (A Political Education)* (1999).

«Desde el día que lo conocí en septiembre de 1991 hasta el día en que dejé la Casa Blanca en diciembre de 1996, él (Bill Clinton) fue la figura dominante en mi vida. Nuestra relación fue intensa, íntima en diferentes momentos, pero no de amistad personal». Así se confesaba George Stephanopoulos en su libro *All too human (A Political Education)*, que publicaba en el año 1999. Detallaba sus años al lado de Clinton, en su preparación para acceder al poder y durante la primera legislatura del 42º presidente de los Estados Unidos de América (EE.UU.), quien a pesar de la bonanza económica que gestionó y el largo periodo de paz que impulsó, pasará a la historia en gran parte por su escándalo sexual con Monica Lewinsky, la que sin duda se convirtió a finales de los años noventa en la becaria del Despacho Oval más conocida por todo el globo.

Licenciado con las máximas calificaciones en Ciencia Política por la Columbia University, Stephanopoulos empezó su carrera en Washington DC como asesor del diputado por Ohio Ed Feighan. Trabajó también como jefe de personal de éste hasta que en 1988 fichó para realizar la campaña presidencial del demócrata Michael Dukakis, también de origen griego. Esta sería una dedicación fugaz, ya que Dukakis caería frente a George Bush padre de forma incontestable, y Stephanopoulos volvería a Washington un año después, en 1989, como mano derecha del entonces líder de la mayoría en la Cámara de Representantes, Dick Gephardt. Dos años después, en 1991, fichaba para la campaña de Clinton, con quien le uniría una estrecha relación durante cinco intensos años.

Stephanopoulos decía al referirse a Clinton: «Es un hombre complicado cuando tiene que responder a la presión y a los placeres que comporta la vida pública, con un estilo que me parece imponente a la vez que horripilantes». Él, como el spin doctor más carismático de entre los que gestionaron el impulso como candidato y los primeros años como presidente de Clinton, disfrutó y sufrió al mismo tiempo las servidumbres de esta doble cara del presidente. Los réditos positivos los vivió desde el primer momento, desde que él y su equipo de estrategas electorales llevaron a Clinton a una primera victoria contra pronóstico, en el año 1992. Un joven y desconocido gobernador de Arkansas se enfrentaba a un

George Bush (padre) que sólo hacía cuatro años que presidía el país. En principio la inercia histórica apuntaba que lo más probable era la reelección de Bush como presidente para un segundo y último mandato. Pero la previsión saltó por los aires, gracias a un equipo de campaña implacable, que enfocó su mensaje en cuestiones que tocaban a los ciudadanos de a pie, como el progreso económico, la educación o la sanidad, y todo bien envuelto por una potente apuesta por el cambio. Eso se sumó a una personalidad carismática y acaparadora como la que aquel Bill Clinton pudo desplegar hasta en los momentos más duros de su mandato, y que haría, años más tarde, que a pesar de todo acabara su segundo mandato con unos índices de popularidad espectaculares.

Stephanopoulos no vería aquel último momento desde primera línea. De hecho, no vivió desde la Casa Blanca ni el segundo mandato que Clinton ganó en las presidenciales del 5 de noviembre de 1996, también con la ayuda de Stephanopoulos. Porque el joven spin dejaría sus responsabilidades como jefe de los estrategas del presidente en diciembre de aquel mismo año, pocos días antes de la segunda toma de posesión de Clinton, el 20 de enero de 1997, desgastado por la misma popularidad que le había hecho una figura política de primer orden nunca muy a la sombra del gran líder. Y es que había estado en la primera línea, acaparando parte de la atención de los focos de las cámaras desde el primer momento. No en balde, en el año 1994, Stephanopoulos era el gran coprotagonista, junto con Clinton, del documental *The war room*. Una película que consiguió la nominación para los Oscar en su categoría y que en su cartel de promoción, junto al título, contaba con dos frases inequívocas: «Un nuevo tipo de campaña. Un nuevo tipo de presidente» Y al lado de la imagen de Clinton en pleno mitin, la de George Stephanopoulos y James Carville (el otro gran asesor de Clinton en aquellos años) en plena sesión de trabajo del equipo, del *think tank* de campaña, que entre otros *hits* ideó la frase *¡Es la economía, estúpido!* (*It's the economy, stupid!*), que tanto daño haría al republicano Bush en su campaña electoral contra Clinton. Stephanopoulos, a la vez que saboreaba el éxito de Clinton empezaba a ganar protagonismo. De hecho, lo asumió, gustoso, desde un buen comienzo de la era Clinton. Estaba claro que la sombra no era para él y la exposición a la luz empezó a desgastarlo rápidamente.

Durante los dos primeros años de mandato de Clinton, Stephanopoulos ejerció *de facto* como jefe de prensa del presidente, aunque este cargo lo ocupaba oficialmente la secretaria de prensa de la Casa Blanca, Dee Dee Myers. Poco después, Stephanopoulos pasaría a asumir el cargo de consejero primero en Política y Estrategia, un cargo que oficialmente lo situaba por encima de Myers y los demás, pero que en la práctica lo descolgaba de la conducción de las reuniones informativas con la prensa, que pasaban a ser cosa de Myers. Este movimiento, junto con el fichaje de David Gergen como director de comunicaciones de la Casa Blanca (el primer cargo de Stephanopoulos con Clinton en el poder), fue visto como un toque de atención de Clinton a la notoriedad excesiva y al estilo demasiado personalista que Stephanopoulos imprimía a la gestión de las relaciones públicas y a la gestión de la información de la Administración demócrata. El personaje empezaba a comerse al estratega. E incluso protagonizaba ácidas parodias como la que le dedicaba el cineasta Tim Burton (el *enfant terrible* más tolerado y asumible para Hollywood) con el personaje interpretado por el actor Martin Short en la película *Mars Attacks!* (1996). El personaje de Short (el secretario de prensa de la Casa Blanca, Jerry Ross), era una implacable y sarcástica caricatura sobre la hiperactividad, los excesos y la proximidad al presidente de su excéntrico asesor en comunicación. Incluso el aspecto físico del personaje de Short caricaturizaba a la vez que identificaba claramente a Stephanopoulos.

La presión sobre el joven spin seguía un *crescendo* aparentemente imparable. Clinton confiaba a Stephanopoulos la gestión entre bambalinas de asuntos de primer orden como la elaboración de una nueva legislación contra el crimen; como el escándalo Whitewater, que acabaría salpicándolo a él y a su mujer Hillary, o como la reforma sanitaria que abanderaba la propia primera dama pero que finalmente fracasó. Los focos de las cámaras inmortalizaban a Stephanopoulos relacionado con demasiadas cuestiones de peso. La presión sobre Clinton se enfocaba en buena parte hacia su asesor y las iniciativas que se sabía que estaban entre sus responsabilidades pasaban a ser objetivos prioritarios a combatir por parte de los enemigos externos e internos del presidente. Así, antes de acabar el primer mandato de Clinton, éste ya sabía que no podría seguir contando durante mucho más tiempo con Stephanopoulos, quien finalmente renunció a sus funciones poco antes de reanudarse la segunda presidencia de Clinton, alegando estrés, fatiga y depresión.

La sobreexposición y un afán de protagonismo que no entendía lo suficiente la necesidad de delegar pasaron factura a un spin doctor que había conseguido unas cuotas de popularidad que hicieron que la potente industria audiovisual norteamericana se fijara en él con complicidad. Y es que más allá de la ya mencionada parodia de Tim Burton, Stephanopoulos inspiraría uno de los primeros capítulos de la serie de éxito *Friends*, que en el capítulo cuarto de su primera temporada en antena titulaba el episodio emitido el 13 de octubre de 1994 como *The One with George Stephanopoulos*. Años más tarde, ya pasada la era Stephanopoulos, una nostálgica industria audiovisual siempre identificada con los demócratas hacía nacer la serie de culto *El ala oeste de la Casa Blanca (The West Wing)*, que precisamente describía el día a día del equipo de spin doctors de un presidente demócrata (Josiah Bartlet) con tics *clintonianos*. El padre de la serie, Aaron Sorkin, admitiría haberse inspirado en Stephanopoulos para crear a los personajes de Sam Seaborne (el adjunto del jefe de comunicaciones) y Josh Lyman (jefe de personal). Stephanopoulos, por su parte, tendría que conformarse con tener un papel en el Hollywood real como consorte de la actriz Alexandra Wentworth. Su estrella, sin embargo, sigue brillando con fuerza como presentador del informativo político semanal *This Week*, en la cadena ABC. Desde esta responsabilidad asume momentos de especial protagonismo durante campañas electorales como la de las presidenciales norteamericanas de 2008, en que moderó debates como los que enfrentaron a los diferentes aspirantes demócratas al nombramiento, o entrevistas como la que le hizo a Barack Obama días después de que éste aceptara oficialmente su candidatura en una histórica Convención Demócrata en Denver.

Peter Mandelson *Delicado por fuera, de acero por dentro*

- Su nombre completo: Peter Benjamin Mandelson.
- Lugar y fecha de nacimiento: South London, 1953.
- Su libro autointerpretándose: *The Blair Revolution Revisited* (2002).

Los famosos (y muy satíricos) guiñoles británicos a menudo le representaban como una serpiente que enroscada en el cuello de un risueño Tony Blair ofrecía una manzana para que éste la mordiera. Desde otras tribunas periodísticas, igualmente implacables, se referían habitualmente a él como al Príncipe de las Tinieblas *(The Shadow Prince)*. Se caricaturizaba así su poder y su principal área de actuación, lejos de los focos de las cámaras, influyente como ningún otro en las decisiones más trascendentales del líder laborista. Y eso que Mandelson había vuelto al Labour, tras unos años de haberlo abandonado. Él, hijo de una familia acomodada del sur de Londres, y nieto por parte de madre de Herbert Morrison, que había sido ministro con los laboristas, dejó las juventudes del partido (Labour Party Young Socialists, LPYS) para afiliarse a las juventudes del partido comunista (Young Communist League). Pero no tardaría mucho en volver al Partido Laborista, descontento con la línea trotskista que se impuso en el Partido Comunista Británico a principios de los setenta.

Estudió Filosofía, Políticas y Económicas en Oxford. Y de ser el productor televisivo del programa *Weekend World*, en la London Weekend Television, pasó a fichar como director de Comunicación del Partido Laborista, en 1985. Allí empezó Mandelson a convertirse en el arquitecto de lo que tendría que ser el nuevo laborismo *(New Labour)*. En consecuencia, ya a partir de aquellos primeros tiempos, cargas de profundidad se dirigieron contra él en primera persona. Así fue como en el año 1987 el tabloide *News of the World* publicó un reportaje sobre su vida sexual, basado en las declaraciones de un supuesto amante de Mandelson. A partir de entonces, con toda la intención del mundo, también se haría correr un nada afectuoso apodo para él: Mandy. Con su aire aristocrático, a menudo afectado, siempre delicado, se hicieron correr infinidad de rumores sobre una homosexualidad que él nunca ha admitido en público aunque incluso publicaciones dirigidas específicamente a este mundo lo sitúan entre los más poderosos en las listas de los gays más influyentes.

En el Parlamento inglés, en la oposición en tiempos del Gabinete Laborista a la Sombra, Mandelson trabajó en estrecha colaboración con dos políticos que apuntaban maneras como *liderables*: Gordon Brown y Tony Blair. Ninguno de los dos disimulaba sus aspiraciones y la carrera se abrió oficialmente a raíz de la repentina muerte del líder histórico John Smith, en el año 1994. Entonces, Mandelson decidió dar su apoyo a Blair, en un primer momento de manera secreta pero desde el principio ejerciendo un papel de liderazgo en la cocina de la campaña de Blair. Este capítulo marcaría para siempre las relaciones de Mandelson con Gordon Brown, que se sintió traicionado por un político que hasta aquel momento consideraba cercano y favorable. Pero aquel gesto, ya fuera de traición a Brown o de simple adhesión fiel a Blair, hizo posible que paralelamente, también a partir de aquel momento, Mandelson se convertiría para el futuro líder laborista en uno de sus colaboradores más estrechos asesores de más confianza y a quienes más se escucharía.

Blair se hizo con el liderazgo del laborismo británico y juntos revolucionaron el partido, convirtiéndolo en el *New Labour* con que el joven líder ganó unas elecciones generales de 1997 en que Mandelson fue jefe de la campaña laborista. Y al instalarse en el número 10 de Downing Street, el nuevo primer ministro nombró a Mandelson ministro sin cartera, como coordinador del conjunto de su ejecutivo. Mandelson, que nunca había disfrutado de mucha simpatía entre la militancia del Labour, empezó a levantar profundas incomodidades entre los miembros del gobierno de Blair, que lo veían como un *primus inter pares* que oficialmente no asumía un rol público superior al de ellos, pero que en la práctica les condicionaba el día a día. Empezaron las maniobras subterráneas para desgastarlo, pero la pieza clave que aceleraría este proceso de erosión se la ofreció el propio Tony Blair, evidentemente sin saber el daño que eso haría en la carrera de Mandelson y de paso en su propia imagen. Fue pocos meses después de la constitución de su primer gobierno, cuando el primer ministro, en contra de la opinión de buena parte de sus ministros, decidió sacar adelante el proyecto del *Millenium Dome*, una espectacular construcción en la península de Greenwich (en el sureste de Londres) que tenía que servir inicialmente para los fastos de bienvenida al siglo XXI. Y Blair no sólo decidió apostar por ello, sino que además depositó la responsabilidad en su hombre de confianza, con fama de gran gestor. El proyecto causó una profunda polémica y acusaciones sobre irregularidades y presunta corrupción. Pero Mandelson seguía ascendiendo, en estrecha colaboración con un Blair que el 27 de julio de 1998 lo nombró ministro de Comercio y Turismo. El ascenso de Mandelson parecía imparable, pero todo se fue al traste cuando tuvo que dimitir como ministro pocos meses después (en diciembre de 1998) al verse implicado en un presunto caso de trato de favor con un antiguo compañero de Gabinete.

Se acusaba a Mandelson de haber aceptado un préstamo hipotecario incompatible con sus funciones de ministro. Al escándalo se aplicaron la mayoría de los medios, y muy especialmente sangrantes periódicos sensacionalistas británicos como *The Sun*. Mandelson, durante años retratado como *Príncipe de las tinieblas*, como alma oscura de Blair y como el presumido *Mandy*, recibiría de golpe la descarga de todos los prejuicios que se acumulaban sobre él, en forma de informaciones negativas en cascada que lo dibujaban ya de entrada como culpable.

Pero Blair seguía confiando profundamente en él y no tardó ni un año en recuperarlo como ministro, encargándole una cartera de peso, la del Ministerio para Irlanda del Norte, en sustitución de la popular Mo Mowlam. Mandelson siguió al frente de esta responsabilidad, con la consecución de hitos como la aplicación de los Acuerdos del Viernes Santo, paso clave en el proceso hacia la paz en el Ulster –sin duda uno de los grandes hitos de la era Blair–, hasta que una nueva indiscreción le obligó a dimitir por segunda vez como ministro. Y todo por una llamada a un compañero de Gabinete, interesándose –es decir, para interceder- por el proceso de concesión de la ciudadanía británica a Srichand Hinduja, un hombre de negocios indio que había sido uno de los grandes mecenas del proyecto del *Millenium Dome* y que era investigado por el Gobierno de la India por supuestas irregularidades financieras. Nada de aquello se demostró y la justicia exoneró a Mandelson. Aun así, el asunto hizo inevitable su segunda dimisión como ministro, el 24 de enero de 2001. Los medios sacaban provecho de ello y describieron este momento político de Mandelson como su particular «pasaporte al olvido». Pero no sería del todo así, ya que por aquellas fechas, en su momento más bajo de popularidad y con un Blair a quien cada vez más gente aconsejaba que prescindiera definitivamente de su gran spin, Mandelson volvió a dar muestras de un espíritu de supervivencia a prueba de bombas. Era diputado por Hartlepool desde 1990 y aquel 2004 lo desafiaron en la reelección dos candidatos del ala izquierda de los laboristas. Y *Mandy* volvió a salir elegido. Tan claramente y de forma tan inesperada, que en su discurso de la victoria soltó la tensión que acumulaba durante meses en un texto encendido en el que reivindicó su «acero interior» y en el que quiso definirse y al mismo tiempo se reivindicó: «¡Soy un luchador, no un desertor!». A Pesar de todo, ya era tarde. Mandelson ya no era útil para un Blair a quien en los últimos tiempos había ayudado a desgastar más que a ascender en los índices de valoración. La figura del arquitecto del *New Labour* ya estaba demasiado desgastada. La notoriedad pública adquirida ya no le permitía el regreso a una cocina que hacía tiempo que sólo visitaba en contadas ocasiones –más como *maître* que como chef–, y que a la vez ya había sido sobradamente ocupada por otro, que brillaba con luz propia.

El antiguo *Príncipe de las tinieblas* pasó a presidir el *think tank* Policy Network, que entre otros apoyos había tenido el de Bill Clinton, Gerhard Schröder y Tony Blair, cuando nació en el año 2000. Anthony Giddens, el padre intelectual del concepto *blairiano* de la Tercera Vía, contribuye regularmente desde el principio en el Policy Network. Pero Mandelson necesitaba algo más. Porque necesita sentir que le adorna el púrpura del poder. Y así fue como un europeísta convencido en un país de euroescépticos se convirtió en el británico designado como comisario europeo de Comercio, en el año 2004.

Éste habría sido un lucido y bastante agradecido colofón para una larga carrera política, pero ahí no había acabado el recorrido de Mandelson. El 3 de octubre de 2008 trascendió que el antiguo spin doctor de Blair había aceptado volver al gobierno británico, esta vez de la mano de un desesperado Gordon Brown que asediado por los rumores y por las encuestas decidió emprender una crisis de gobierno mucho más profunda de lo que la mayoría se esperaba. Era un secreto a voces que el primer ministro preparaba un golpe de efecto con una reestructuración de su Ejecutivo, pero cuando aquel viernes de octubre se hizo público que el «fichaje» estrella del nuevo gabinete tenía que ser el viejo enemigo íntimo de Brown, un Mandelson que en el año 1994 le había arrancado la corona laborista y se la había colocado a Blair, la noticia acaparó todas las portadas. Al día siguiente, los grandes periódicos dejaron claro que a pesar del paso del tiempo no habían olvidado su tradicional animadversión hacia *Mandy*. *The Times*, por ejemplo, abría portada con un explícito «Mandelson tildaba al primer ministro de *tory*». El subtítulo se complementaba con la frase siguiente: «Peter Mandelson criticó a Gordon Brown de gran conservador sólo unas semanas antes de su sorprendente retorno al Ejecutivo». Quedaba claro: de nuevo no habría tregua. El nuevo ministro de Negocios volvía a estar en el centro de todas las miradas, y la mayoría lo observarían con recelo.

En un contexto de crisis económica global, Mandelson defendió ante los periodistas, el mismo sábado, en la puerta del 10 de Downing Street, que había vuelto en un momento difícil por el desafío al que se enfrentaba la comunidad internacional ante la crisis enconómica mundial y para estar junto a sus compañeros laboristas. Aparte de eso, con su fichaje, Brown proyectaba diferentes imágenes bien buscadas. En primer lugar, reforzar el mensaje de unidad en un momento en que los laboristas parecían a punto de entrar en una guerra civil entre los partidarios del primer ministro y los aún fieles a Blair. En segundo lugar, renegar de cualquier tipo de giro a la izquierda pese a la tentación de responder así a la crisis. Con Mandelson, Brown lanzaba un mensaje claro a propósito de que los laboristas seguían siendo un partido orientado al mercado. Y tercero, y definitivo, apelar, como ya había hecho Brown explícitamente un poco antes, a la experiencia ante la amenaza de los «principiantes». Una etiqueta que Brown colgaba automáticamente a su rival *tory*, David Cameron, pero también de pasada a su *blairista*, brillante, amenazador y ambicioso ministro de Asuntos Exteriores, David Miliband.

Alastair Campbell *De Lady Di al caso Kelly*

- Su nombre completo: Alastair John Campbell.
- Lugar y fecha de nacimiento: Keighley, 1957.
- Su libro autointerpretándose: *The Blair Years* (2007).

El secretario de prensa más famoso de todos los tiempos del Reino Unido. Así describía la BBC a un dimisionario Alastair Campbell, en verano de 2003. Y es que un líder como Tony Blair, que tanto vivió en primera persona los excesos, las ventajas y las esclavitudes de la política hipermediática, no podía conformarse con un único gran spin doctor de cabecera. En su creación como líder intervino de forma decisiva Peter Mandelson, pero de forma no menos intensa Alastair Campbell.

Antes de Blair, sin embargo, Campbell ya había empezado a poner a prueba sus dotes de consejero y de asesor de comunicación con Neil Kinnock, líder de la oposición y del Partido Laborista en la Cámara de los Comunes entre 1983 y 1992. Aun así, Kinnock se estrellaría constantemente contra el muro de un Partido Conservador que vivía sus años dorados bajo el influjo de Margaret Thatcher, y el líder laborista finalmente dimitiría en 1992 tras una nueva derrota en las elecciones generales británicas, en aquella ocasión ante un gris John Major. Con el liderazgo parlamentario en vías de reconstrucción, llegaría en 1994, después de la muerte del líder carismático del partido, John Smith, el momento de Tony Blair y de los hombres que lo acompañaron en su asalto al poder.

Desde que Campbell fue nombrado portavoz oficial de Blair en 1994, para su entorno más inmediato y para el resto de los mortales, sus palabras se interpretaron como sinónimo de la autoridad del líder. Arrogante, autosuficiente, hiperactivo y con un punto de temerario, ya desde sus tiempos como joven redactor del *Sunday Independent*, y después como cronista político en el *Daily Mirror* y como editor político del diario *Today*, asumió una presión diaria importante. A la sombra de Blair, trabajando las veinticuatro horas del día para construir el relato sobre todo a fuerza de golpes de efecto y de la priorización en el control de la imagen proyectada a los medios, afrontaría este estrés ya como abstemio, después de pasar a finales de los años ochenta una época de excesos en el consumo de drogas y alcohol. Se convirtió en un interlocutor duro a la vez que válido y cómplice (al principio) en su relación con unos periodistas que desde el primer momento lo habían percibido como el adversario que era en sus intentos por acceder al líder «real», a sus debilidades y contradicciones.

Con todo, el grado máximo de desconfianza de los medios de comunicación con respecto a Blair no llegaría hasta pasados unos años de su construcción como líder. Los primeros tres años del proyecto, entre la toma de control del partido y su ascenso al número 10 de Downing Street, la imagen pública de Blair consiguió unos índices de popularidad que todavía no ha igualado ningún otro líder británico. Blair transmitía modernidad, dinamismo y colores, ante el pasado, el desgaste y el gris de los *tories*. Se vislumbraba una nueva Gran Bretaña y la Tercera Vía propuesta por el proyecto Blair quería conectar con ella, apelando a «un nuevo modelo para el siglo XXI», ofreciendo «trabajo para los que pueden trabajar, seguridad para los que no pueden hacerlo», y liderando el final de la cultura de «no recibir a cambio de nada».

Un momento clave para plasmar en imágenes este cambio de estilo y esta voluntad de conexión con una nueva sociedad británica llegó ya con Blair como primer ministro, después de la muerte de Lady Di. La princesa de Gales murió de un accidente de tráfico en un puente de París, con su amante Dodi Al-Fayed, el 31 de agosto de 1997. Blair ocupaba el 10 de Downing Street desde hacía sólo cuatro meses y supo reaccionar, en contraste con una familia real británica que se mostró insensible y rápida ante el dolor popular que provocó la desaparición de la ex mujer del príncipe Carlos de Inglaterra. Alastair Campbell tuvo un papel relevante, tal como retrata la película *The Queen* (2005, Stephen Frears), con la concepción de la expresión «princesa del pueblo» para referirse a Lady Di. Así lo hizo Blair, al rendir homenaje público a la desaparecida. Y los ciudadanos británicos se lo devolvieron disparando sus índices de valoración. Le había dado la mayoría absoluta pocos meses antes, lo haría en el año 2001 y, a pesar de todo, también en el 2005.

La obsesión de Campbell por fijar la agenda de los medios de comunicación dio sus resultados incluso al final de un liderazgo que dejó por el camino, en menos de diez años, la mayor parte de la expectativa que había despertado en sus primeros pasos. A pesar de eso, la era Blair abriría paso a la de Gordon Brown dejándole una confortable mayoría en el parlamento de Westminster. Un final de trayecto que el hiperactivo spin de Blair vería ya retirado. Y es que su visibilidad le pasó factura con un proceso de desgaste muy acelerado que le impidió acompañar a su jefe hasta el final de su etapa en Downing Street.

Campbell había accedido al poder junto a Blair, estrenándose como portavoz oficial del primer ministro, en el año 1997. Medios, periodistas y políticos se referían a él intencionadamente como al «verdadero viceprimer ministro». Describían así su gran influencia sobre Blair, a la vez que desviaban también buena parte de los dardos y de las críticas hacia él. Pero tenía la piel de un paquidermo y ya había demostrado en su etapa previa al gobierno que podía llegar a disfrutar del cuerpo a cuerpo con los periodistas, a los que atacaba personalmente cuando no informaban en la línea de lo que él consideraba adecuado.

Su figura, además de mediática, fue convirtiéndose en una de primer orden político desde un buen comienzo. Su ascendente sobre Blair contagió la priorización del mensaje que debía transmitirse a los medios de comunicación. Así fue como en el año 1998 pasó a compatibilizar sus funciones de portavoz con la dirección de la Unidad de Comunicación Estratégica, encargada de centralizar la comunicación de todo el gobierno para «unificar el mensaje». De manera que, con «la excusa» de la comunicación, Campbell pasaba a asumir *de facto* más poder político que cualquier ministro del Ejecutivo de Blair. Un papel que después de la segunda mayoría absoluta, alcanzada por Blair el 7 de junio de 2001, seguiría *in crescendo* con el nombramiento de Campbell como director de Comunicación y Estrategia del primer ministro. Con este cargo perdía la visibilidad del portavoz, pero seguía ganando poder político, con el añadido de que todo el mundo era consciente de que las grandes decisiones de Blair contaban con el sello de su spin doctor más próximo. Y así fue como la crítica decisión del apoyo incondicional del gobierno laborista a la guerra de Irak puesta en marcha por George W. Bush supuso el desafío más duro y definitivo de Alastair Campbell.

El estratega de Blair, convencido de las dificultades de comprensión para la opinión pública que podía implicar un apoyo de este tipo por parte de una administración laborista británica a una administración americana controlada por los *neocons*, quiso tener desde el principio la coartada de las «armas de destrucción masiva». Había que convencer a la población de que estaban en manos del régimen de Saddam Hussein y de que él y su dictadura eran una amenaza para la población mundial. Blair llegó a declarar que el líder iraquí podía utilizar armas de destrucción masiva en 45 minutos. Todos veían en Campbell al responsable directo de estas palabras, y concretamente la BBC acusó al spin de «hacer más sexi» el informe que sirvió para justificar la intervención británica en la operación contra Irak. Campbell, por su parte, lo negó siempre y su esfuerzo para hacer que la BBC retirara la acusación de que él había «adornado» el documento acabó sacando a la luz pública el nombre de David Kelly, un reconocido experto en armas químicas y asesor gubernamental que se encontró atrapado en el fuego cruzado entre el Gobierno británico y los medios de comunicación.

En mayo de 2003, la cadena BBC había asegurado que Downing Street exageró intencionadamente el informe sobre las armas de destrucción masiva de Irak para justificar la guerra. A partir de aquel momento y de la indiscreción de Campbell, Kelly fue sometido a un duro interrogatorio en el Comité de Exteriores para descubrir si fue él quien filtró la noticia. Kelly reconoció haber hablado tres veces con el periodista Andrew Gilligan (BBC) pero negó ser su fuente principal. La presión que sufrió durante días minó su moral hasta el punto que puso fin a su vida. Apareció muerto el 18 de julio a unos ocho kilómetros de su casa, según todos los indicios, después de suicidarse. Campbell abandonó su cargo a finales de agosto de aquel 2003, pocos días después de comparecer ante el juez lord Brian Hutton, jefe de una comisión de investigación independiente que se constituyó para aclarar los hechos que rodearon la muerte de Kelly, y ante la cual también tuvo que testificar Tony Blair. El 28 de agosto de aquel año, el primer ministro tuvo que enfrentarse a uno de los días más difíciles de su carrera, compareciendo durante dos horas y media ante el juez Hutton. Blair lo negó todo e hizo una apasionada defensa de la intervención del Reino Unido en Irak. Tanto él como Campbell quedaron exonerados de cualquier tipo de responsabilidad penal. Pero el daño político ya estaba hecho. Campbell no *sobreviviría* muchas horas y llegaría a admitir que había alterado pero sin hincharlo el informe sobre Irak para facilitarle la presentación al primer ministro ante el Parlamento.

Después de aquella crisis, Tony Blair se encaminó hacia su última elección. Algunos como su ministro de economía, Gordon Brown, empezaron a cuestionar abiertamente la idoneidad de aquella candidatura, pero finalmente llegó y logró para el Labour una última y ajustada mayoría absoluta. Aun así, el *vía crucis* político de Blair continuaría, con ataques continuados, peticiones de dimisión y exigencias de giro a la izquierda. Finalmente, después de haber anunciado meses antes que renunciaba oficialmente a volver a presentarse como candidato de los laboristas, el 27 de junio de 2007 se materializó su retirada. Según un sondeo de mayo de aquel año para el *Independent*, a pesar de los excesos y el trabajo sin descanso de sus spin doctors para tratar de controlar el *frame* que los medios tenían que proyectar sobre la era Blair, por último éste pasaría a ser recordado sobre todo por la guerra de Iraq, para siete de cada diez británicos. Atrás quedarían otros hitos de diez años de mandato, como el progreso económico y el proceso de paz en el Ulster.

Karl Rove *El cerebro de Bush*

- Su nombre completo: Karl Christian Rove.
- Lugar y fecha de nacimiento: Denver, 1950.
- Su libro autointerpretándose: previsto para principios de 2009.

La «fuerza oscura» de la Casa Blanca. Así describían a Karl Rove los medios más hostiles, y así se refirieron a él con ganas cuando éste anunció, el 13 de agosto de 2007 en una entrevista en *The Wall Street Journal*, que a finales de aquel mes dejaría sus funciones como subjefe de personal de la Casa Blanca. Aquél era entonces su cargo oficial, pero a nadie se le escapaba que seguía siendo el principal consejero del presidente norteamericano George W. Bush.

Aquél había sido el punto álgido de su carrera, pero Rove hacía cerca de cuarenta años que estaba en política, siempre con un estilo muy característico y poco dotado de escrúpulos. De hecho, nada más estrenado en política, con sólo diecinueve años y como miembro del Partido Republicano de Utah, robó un millar de folios del demócrata Alan Dixon, que quería ser responsable de Finanzas de Illinois, e imprimió un anuncio en el que se prometía «cerveza, comida y chicas» a los asistentes a los mítines de Dixon. Rove dijo después que aquello había sido una broma juvenil de mal gusto y que estaba arrepentido. Pero ya lo había hecho. Y no sólo eso, sino que reincidió en el estilo tres años más tarde en su carrera para presidir la Asociación de Universitarios Republicanos. Más adelante, ya convertido en asesor político, se encargó de difundir rumores sobre la orientación sexual de la gobernadora de Texas, Ann Richards, derrotada por Bush en 1994. En las primarias presidenciales de 2000, su sello seguía intacto y no dudó en atacar cruelmente a un compañero de partido, John McCain, que ya competía por este nombramiento. Rove llegó a sugerir que, después de las torturas en Vietnam, McCain no estaba en las mejores condiciones mentales para trabajar en el Despacho Oval.

Y es que Rove cumplió siempre con el tópico del spin doctor más agresivo, haciéndose merecedor de apelativos periodísticos como «fuerza oscura» o «genio malvado». Pero a la vez se ganó el reconocimiento de «estratega político excepcionalmente bueno», según defenderían analistas como Mark Halperin y John Harris, nada sospechosos de simpatías conservadoras. Sus principales atribuciones, según los que siguieron su trayectoria: un gran conocimiento de las debilidades y las fortalezas del adversario, una óptima lectura de las encuestas y una dirección con mano de hierro de las tropas de voluntarios. A éstas se tenía que sumar además otra habilidad que trabajó con especial intensidad desde joven: la percepción de la realidad en los términos politicolingüísticos más favorables, y más perjudiciales para el adversario, como denunció George Lakoff en su libro *No pienses en un elefante*. Estas cualidades lo convirtieron en un maestro a la hora de controlar el acceso de sus candidatos a los grandes donantes republicanos, paso clave para todo candidato norteamericano que quiera tener opciones de éxito.

Así fue como Rove se convirtió en el hombre que catapultó a Bush al gobierno de Texas (1994 y 1998) y a la Casa Blanca (2000 y 2004). Juntos estrenaron mandato por última vez en la sede presidencial el 3 de noviembre de 2004, justo al día siguiente de las elecciones cuando Bush puso nombre y título al ganador de la dura batalla: «Karl Rove, el arquitecto». Y es que Rove, un firme creyente de la campaña permanente, siempre llevó la Casa Blanca como si se tratara de una campaña electoral, hecho que le creó muchos enemigos y que acabó polarizando el país. Pero a su líder le había dado resultado, y sus cálculos habían conseguido hacer ascender a la presidencia de la primera potencia mundial, en dos ocasiones, a un candidato con claras limitaciones, la primera vez frente a Al Gore y la segunda en confrontación con John Kerry.

Pero ¿cómo ganó Rove las elecciones de 2004? ¿Cómo consiguió aquel hito? Con dos ejes estratégicos y con ingenio táctico: con la polarización y la movilización partidista (huyendo del centro, del mensaje conciliador, y confiando en la participación masiva de las bases), así como con un millón de estos voluntarios dedicados a telefonear, a enviar cartas, mensajes electrónicos y a visitar casas elegidas gracias al *microtargeting*, o envío de mensajes a los receptores en función de la información que se posee después del análisis de bases de datos.

Con todo, la gran base del éxito republicano de aquel 2004 partió de una hipótesis del gran spin doctor de Bush: ya habían pasado los tiempos en que la victoria llegaba de la mano de los electores de centro que votaban en los diferentes comicios en función de los programas o de la confianza que les despertaran los candidatos. Según Rove, pues, había llegado el momento de apostar por la movilización del campo propio, concentrando el debate político en aquellos asuntos en que, de acuerdo con el principio de la claridad moral, se reducía la capacidad de ofrecer alternativas de los adversarios. Había que poner a los ciudadanos ante una disyuntiva radical: conmigo o contra mí. Y todo eso dejando claro que la razón (e incluso la virtud) estaba del lado de los republicanos.

Partiendo de estas premisas se construyó la victoria de Bush sobre John Kerry en el año 2004, lo cual confirmó la hipótesis de Rove, ya que el triunfo fue lo bastante amplio para desvanecer dudas, a diferencia de las muchas incógnitas que la discutida victoria de Bush sobre Gore había despertado en el año 2000. Y el modelo republicano norteamericano marcó tendencia en Europa.

Pero derivaciones sociales aparte, en 2004 fue un éxito para los republicanos, aunque las contrariedades se empezaron a acumular poco después, y dejaron a Bush con los índices de popularidad más bajos. En el año 2005 el escándalo por la filtración del nombre del agente secreta de la CIA, Valery Plame, salpicó a Rove. La agente estaba casada con el ex embajador Joseph Wilson. Y aunque nunca se presentaron cargos contra Rove por este delito federal, se especuló intensamente con la posibilidad de que él hubiera sido la mano negra que estaba detrás de aquella revelación intencionada, después de que el diplomático publicara un artículo cuestionando las pruebas que llevaron a la invasión de Irak en 2003. El 'caso Plame' se cobró la cabeza de Lewis *Scooter* Libby, principal asesor del vicepresidente, Dick Cheney. Rove salió ileso, pero tocado. Además, la distracción del caso tuvo mucho que ver con la pérdida de reflejos de la Casa Blanca después del huracán *Katrina*. Y a este contexto convulso se sumaba, en lluvia fina, el empeoramiento del conflicto en Irak, un frente que no era directamente responsabilidad suya, pero que era una «guerra contra el terrorismo» que él, entre otros, impulsó después de los fatídicos atentados suicidas del 11 de septiembre de 2001.

Después de un 2005 más que complicado, el año 2006 no trajo el repunte que Rove había previsto. Sus cálculos sobre las elecciones legislativas lo hacían sentir seguro y lo mantenían desafiante: «Usted puede llegar a hacer unas cuentas diferentes, pero tiene sus matemáticas; yo tengo las matemáticas», le soltó a un entrevistador que le discutía unos sondeos que le aseguraban que los republicanos seguirían controlando el Capitolio. Pero eso no pasó. Los demócratas se impusieron, pusieron la Administración republicana a la defensiva y empezó el goteo de dimisiones de los *halcones* de Bush. Paul Wolfowitz, Donald Rumsfeld, John Bolton. Las grandes figuras *neocon* tuvieron que empezar a desfilar. Y la salida de Karl Rove estableció definitivamente que George W. Bush, 43º presidente de los EE.UU., pasaba a ser en el año 2007, a diecisiete meses de su salida de la Casa Blanca, lo que los americanos describen como *pato cojo*. Es decir, un dirigente con limitada capacidad de influencia a la espera de que pase el tiempo que le queda al frente del gobierno norteamericano.

De hecho, Rove se retiró el 31 de agosto pero ya había estado a punto de abandonar su puesto de asesor en la Casa Blanca aquel fatídico 2006 en que además la Administración norteamericana se había visto forzada a reconocer que la guerra de Irak había evolucionado hacia la catástrofe. Había sido uno de sus defensores más entusiastas, y sólo permaneció al lado de Bush para evitarle un problema añadido en medio de una desconfianza creciente respecto a la capacidad de su gobierno para controlar la situación. Según explicó el mismo Rove en su entrevista de despedida en el *Wall Street Journal*, la (para él) inesperada victoria demócrata en las elecciones legislativas de 2006 trastocó sus planes de salida de la Casa Blanca. Tenía que haber estado con el presidente en los momentos más complicados, pero al mismo tiempo tenía que adoptar una decisión sobre su futuro a corto plazo, y así lo hizo en el verano de 2007, ya que, por cuestiones jurídicas, tenía que dejar el Gabinete presidencial antes del 1 de septiembre, porque si no debería quedarse hasta la segunda semana de enero de 2009, cuando la ley ya tenía previsto que se produjera el traspaso de poderes entre presidentes. Y no podía ser. A aquellas alturas, la figura de Rove estaba ya muy tocada y le quitaba oxígeno a su líder. Él, como la mayoría de los spin doctors de grandes figuras políticas, tampoco acabaría el mandato con su asesorado. La luz le había quemado antes de tiempo.

«Simplemente creo que ha llegado la hora», declaró. Y George W. Bush se quedó solo en la recta final de su presidencia. Quedaban atrás grandes fracasos como la reforma migratoria y del sistema de salud, abortadas en un Congreso dominado por los demócratas. Pero atrás quedaba también un impresionante historial de efectividad para con sus asesorados, ya que desde 1986 había conseguido la victoria para sus candidatos en 34 de 41 ocasiones.

En su despedida, en los jardines de la Casa Blanca, Rove compareció ante la prensa al lado de Bush. El presidente reconoció públicamente los «inmensos sacrificios» que hizo por su país y por su «querido amigo» desde la etapa como gobernador de Texas. Y el spin, visiblemente emocionado, hizo gala de su fe en la campaña permanente (hasta el final), y quiso destacar el coraje del comandante en jefe para proteger a los norteamericanos de dos grandes amenazas: «un enemigo brutal» y la recesión económica que siguió a los ataques del 11-S en Nueva York. Genio y figura.

Claude Guéant *El virrey del Elíseo*

- Su nombre completo: Claude Guéant.
- Lugar y fecha de nacimiento: Vimy, 1945.
- Su libro autointerpretándose: inédito.

¿Por qué está triste el primer ministro? ¿Por qué la relación de François Fillon ya no es la que era con Nicolas Sarkozy antes de que éste se convirtiera en el sexto presidente de la Quinta República Francesa? ¿Quizás porque su capacidad de decisión no es la que se esperaba? Así es en gran parte. Y en este estado de ánimo influye la figura del secretario general del Elíseo, Claude Guéant, que para muchos se ha convertido en una figura cercana a un «primer ministro bis».

Todos los días, en el Elíseo, Nicolas Sarkozy empieza la jornada a las ocho de la mañana con su «núcleo político», dirigido por Guéant. Y en esta reunión diaria no sólo se marcan las directrices políticas que fijarán la actividad de la presidencia de la República, sino que también se fija agenda de gobierno. Del gobierno Fillon. Es un «gabinete bis», que dirige en la sombra un eficiente y discreto Claude Guéant, que junto con otros hombres clave reúne estas dos cualidades, imprescindibles para trabajar con una personalidad exigente, hiperactiva y expansiva como la de *Sarko*. Y es que son muchos los que se preguntan si realmente el gran spin doctor del presidente no es él mismo. Su figura política desborda en más de un sentido clichés que describen los liderazgos políticos actuales. La construcción de su liderazgo ha sido un proceso de cocina, evidentemente, pero muy pilotado en primera persona, con un sello muy singular y auténtico que, por ejemplo, hizo que durante unos años claves fuera su ex mujer, Cecilia Ciganer-Albéniz (antes Cecilia Sarkozy), pieza imprescindible y la más cercana entre los miembros de su equipo más estrecho de colaboradores. Ella, junto con Guéant, formaba parte del equipo de la Place Beauvau (sede del Ministerio del Interior francés), y que se completaba con Rachida Dati (consejera política) y Franck Louvrier (consejero de comunicación). Y con aquel equipo, Sarkozy arrancó su definitiva ofensiva para hacerse con el liderazgo y con la candidatura de la Unión para un Movimiento Popular (UMP) a la presidencia de la República. Su sello personal allí estaba de manera indiscutible, pero también estaba el de Guéant.

Este alto funcionario francés es secretario general de Presidencia del Elíseo desde el 16 de mayo de 2006, y asume unas funciones equiparables a las del jefe de personal de la Casa Blanca. Él, a diferencia de su líder, se formó en la influyente Escuela Nacional de la Administración (ENA), cuna de la mayoría de los altos funcionarios y líderes políticos del país desde hace décadas. Director del gabinete del prefecto de Finistère, secretario general de asuntos económicos de la región de Guadaloupe y consejero técnico del gabinete del ministro del interior, Christian Bonnet, (1977-1981), fue nombrado prefecto de la región Hautes-Alpes en el año 1991. En el año 1994, el veterano político Charles Pasqua le nombró director general de la policía nacional francesa. Asumió el cargo de prefecto de la región Franche-Comté y de Doubs, en 1998. Y por último, antes de fichar como jefe de gabinete de Nicolas Sarkozy en el año 2002, fue prefecto de la región de la Bretaña y de Ille-et-Vilaine. Dirigió el gabinete de *Sarko*, con éste como ministro del

Interior y también en su etapa al frente de la cartera de Economía, tanto en el gobierno de Jean-Pierre Raffarin como en el de Dominique de Villepin. Y llegado el momento del gran salto, cuando finalmente Sarkozy se hizo con la candidatura a la presidencia, Guéant se convirtió en su jefe de campaña.

Y Sarkozy ganó. Se impuso con autoridad y amplia mayoría a la socialista Ségolène Royal en las elecciones del 6 de mayo de 2007, y aterrizó en el Elíseo con fuerza. Su personalidad, su lenguaje directo y desinhibido, apelaba a un nuevo orgullo de ser francés y a volver a poner en primera línea valores como el de la responsabilidad, el respeto, la autoridad y el esfuerzo. «El espíritu de Mayo del 68 ha muerto», llegó a decir. Las expectativas despertadas fueron muchas y la visibilidad del presidente acompañó. El «ciclón» Sarkozy se propuso imprimir un nuevo estilo en la figura del presidente de la República, más activo, menos enquilosado, más cercano y en contacto con la gente. El retorno inesperado fue una sobreexposición que empezó a desgastar prematuramente el gran apoyo popular que el líder conservador había ido ganando desde sus tiempos como alcalde del elitista Neuilly-sur-Seine y sobre todo como ministro del Interior.

El desgaste fue tan acelerado que sólo diez meses después de aquellos comicios presidenciales, el UMP sufrió un descalabro electoral con pocos precedentes. Fue en las elecciones municipales y cantonales de febrero de 2008. La derrota no dejaba margen para excusas. Se estaba a tiempo de tratar de reconducir la situación, aún con buena parte de su mandato por delante. Y así fue como Nicolas Sarkozy decidió remodelar su equipo de comunicación, con la creación de un «núcleo político» que tuviera como gran objetivo la explicación de sus ambiciosas reformas. El entorno de Sarkozy, además, también advirtió que habría una modificación del mismo estilo del líder, para pasar a ser «más presidencial», es decir, más ajustado a la idea que sus compatriotas tenían prefijada sobre cómo tiene que ser el comportamiento de un jefe de Estado. Se admitía así el mal favor que le habían hecho al UMP, y a la imagen de Sarkozy, unos excesos «exhibicionistas» de la agitada vida sentimental del primer presidente de la República, que se divorciaba y que además al cabo de poco tiempo reanudaba una relación sentimental, esta vez con una conocida modelo y cantante, Carla Bruni.

Pero el presidente quería mantener el rumbo de su política y proseguir con las reformas, de manera más «pedagógica». Ésta sería una tarea a cargo de la consejera de Sarkozy y ex periodista Catherine Pégard, asistida por los respectivos asesores de política y relaciones con el Parlamento. Y con respecto a la comunicación, el joven David Martinon, diplomático de carrera que había sido consejero diplomático de Sarkozy en el Ministerio del Interior, dejaría de ser portavoz del Elíseo, un cargo al estilo norteamericano que desaparecía junto con las ruedas de prensa semanales que comportaba. A Martinon se le consideraba un protegido de la ex primera dama Cecilia Ciganer-Albéniz.

Entonces, el consejero de prensa y comunicación, Franck Louvrier, que junto con Guéant formaba parte del círculo más estrecho de Sarkozy desde hacía años, vio reforzado su papel, ya que pasó a asumir la responsabilidad de la comunicación del día a día del Elíseo. Eso sí: los pronunciamientos «oficiales» en cuestiones puntuales de alcance nacional francés pasaban a ser competencia estricta de Guéant, a quien esta sobrevenida coyuntura reforzaba en influencia. No en balde, desde los inicios del mandato de Sarkozy, ya pasó a ser conocido como «el cardenal», «el primer ministro bis», «el vicepresidente» o «el virrey». El complemento de Guéant para transmitir la posición del Elíseo en cuestiones internacionales pasaba a ser el consejero diplomático de Sarkozy, Jean-David Lévitte. Movimientos importantes en el Elíseo, mientras que el Ejecutivo de François Fillon no sufriría más que ligeros ajustes. Quedaba claro, pues, dónde estaba el núcleo del problema y del poder.

Y en Palacio, después del presidente, a partir de aquel momento con más fuerza, Claude Guéant sobrevivía a la primera gran crisis del mandato Sarkozy. Pero no sólo eso, sino que salía reforzado, porque recibía premio su trabajo en la sombra, discreto, sin más ambición identificable que la de influir al más alto nivel pero sin una proyección pública continuada, sin buscar el cuerpo a cuerpo con los periodistas y con los adversarios políticos. La esencia del auténtico spin doctor. O por lo menos del que sabe desempeñar acertadamente un papel útil para su líder, y durante un periodo de tiempo suficiente.

David Axelrod *«Yes, we can»*

- Su nombre completo: David Axelrod.
- Lugar y fecha de nacimiento: Manhattan, Nueva York, 1955.
- Su libro autointerpretándose: inédito.

El efecto mariposa es la expresión popular que corresponde al concepto técnico de la «dependencia exponencial de las condiciones iniciales» en la teoría del caos. Y, de base, ahí reside la convicción de que pequeñas variaciones en las condiciones iniciales de un sistema dinámico pueden producir grandes variaciones en el comportamiento del sistema a largo plazo. Esta teoría, aplicada a la política norteamericana –y de rebote a la internacional del siglo XXI–, podría encontrar un ejemplo paradigmático en una barriada de Chicago, en 1992, cuando una mujer llamada Bettylu Saltzman conoció a Barack Obama. Ella se había graduado en la Facultad de Derecho de Harvard un año antes y ya había vuelto a su ciudad, donde lideraba un proyecto pro registro de votantes llamado *Project Vote*. Saltzman, rica heredera, era voluntaria de la campaña presidencial de Bill Clinton cuando, un día, Obama visitó la oficina de Chicago de la candidatura. Quería discutir sobre Project Vote. Saltzman quedó impresionada con aquel joven activista, hasta el punto de que decidió llamar a un reducido grupo de amigos y les dijo textualmente que había conocido a un hombre que algún día sería el primer presidente negro de los Estados Unidos. Uno de aquellos amigos a los que Saltzman llamó fue David Axelrod, a quién ella había conocido durante la exitosa campaña de Paul Simon para el Senado en Illinois, en 1984. Una campaña que Axelrod, a los veintinueve años, había dirigido.

Desde aquel momento, desde 1984, Axelrod se había convertido en el gran consultor político y mediático de los demócratas de Chicago. Y en parte por curiosidad, en parte para hacer un pequeño favor a su amiga, concertó una cita con Barack Obama. Las motivaciones de Axelrod, pues, respiraban pocas expectativas reales, pero eso no era así en el caso de su interlocutor.

Para un joven Obama de treinta años, que se había trasladado a vivir a Chicago con expectativas de convertirse algún día en el alcalde, aquel encuentro era crucial. Sabía que Axelrod podía catapultarlo al éxito. Aquel fan de los Chicago Bulls sabía mucho de vender candidatos negros a votantes blancos. Lo había demostrado en Cleveland, Detroit, Filadelfia y Washington DC. Y Obama quería que aquellas manos expertas también se decidiesen a convertirlo en un candidato de éxito. El encuentro llegó y la complicidad empezó a andar, aunque no sería hasta pasados algunos años, en el 2002, cuando el tándem se puso a prueba. La elección para el Senado de aquel año fue la apertura de fuego, y la prueba definitiva llegó en 2008, con la candidatura de Obama a la presidencia de los Estados Unidos. Éste fue el clímax de una relación entre el veterano spin doctor y el carismático político, pero antes ya habrían hecho camino durante años, con aciertos y errores, con éxitos y fracasos, como dijo el mismo Obama en su discurso de la victoria, la noche del 4 de noviembre de 2008, con un «socio» que lo había acompañado «a cada paso del camino», de su camino como político de primer nivel y con aspiraciones reales de alcanzar lo que sólo él ha conseguido: ser el primer presidente negro de los Estados Unidos de América. Y en el momento de más felicidad política de Obama en años, la noche de su victoria sobre John McCain, uno de los principales y más sentidos agradecimientos fue para su «socio», con quien había hecho la mayor parte de su «camino». Ya lo había dicho meses atrás Valerie Jarrett, amiga y consejera de Obama, «para Barack siempre ha sido muy importante tener a Axelrod a su lado». Y sin duda que lo había tenido cerca durante toda su larga carrera a la Casa Blanca. Y la carrera de Axelrod, con Obama, tocó techo de manera inmejorable.

Porque a partir de noviembre de 2008, Obama pasaba a ser un líder global con pocos precedentes en cuanto a expectativas despertadas, pero a otro nivel, Axelrod se erigía como un spin doctor de renombre planetario. Lo había conseguido, había hecho lo más difícil, acostumbrado a superar obstáculos, siempre con un afán de superación que él mejor que nadie había sabido poner negro sobre blanco con un simple eslogan: «Yes, we can». Y es que Axelrod ha conocido en primera persona lo que significa la necesidad de confiar en el futuro y superar importantes dificultades, también en el ámbito personal. Porque la suya, sin duda, es una biografía personal muy tocada por la tragedia. Ya cuando era joven, a los diecinueve años, vivió el suicidio de quien consideraba su «mejor amigo y héroe»: su padre, un psicólogo de Nueva York. Años más tarde, experimentó otro drama familiar, cuando su hija, debido a fuertes ataques epilépticos, sufrió daños cerebrales irreversibles. Y su mujer, muy implicada en la promoción de la investigación de la epilepsia, compartiría durante un tiempo, finalmente con desenlace feliz, esa lucha con la que también tuvo que bregar personalmente contra el cáncer de mama.

Y a pesar de estas duras circunstancias personales, Axelrod había sacado adelante una carrera con buenos resultados como consultor político, como estratega, como spin doctor. No había sido su vocación primera, ya que empezó su carrera como reportero político del *Chicago Tribune*, pero ya en 1984 dejó el periodismo para dedicarse a la consultoría política y de medios. Y su sello personal quedó claro desde el principio. Porque su opción no ha sido nunca la de imponer sus propios mensajes y frases eslogan a sus candidatos, un recurso que por cierto cada vez más iguala a la mayoría de los líderes. Axelrod, en cambio, siempre ha querido partir de la biografía de su candidato para fijar la estrategia y la táctica del proceso de construcción de un liderazgo.

Esta capacidad de entender y de empatizar con sus clientes es uno de los puntos de venta clave de Axelrod. Uno de sus grandes activos. Uno de sus grandes secretos. Y este gran respeto que Axelrod dedicaba a todos sus asesorados fue una de las claves que le convirtió en el favorito de los candidatos afroamericanos. El candidato es el mensaje, y Axelrod sería su gran guardián. De hecho, él mismo se ha descrito como «el guardián del mensaje», y en la campaña presidencial de Obama utilizó las grandes enseñanzas que durante décadas había ido acumulando con candidatos negros. Un capital como spin doctor que básicamente se rige por las siguientes consignas que seguir en el camino del triunfo de un candidato negro: hacer hincapié en su biografía; utilizar el impulso que da el apoyo explícito de terceras personas –líderes de opinión–; atacar indirectamente al adversario, y conectar con los votantes hablándoles directamente a través de los spots y dejándoles claro que su apoyo a un candidato negro les reserva directamente un lugar en la historia.

Incluso los adversarios de Axelrod han reconocido el acierto de su estrategia, como lo hizo Howard Wolfson, que sería consejero de Hillary Clinton y que reconocía, poco después de la derrota de su candidata frente a Obama en el proceso de primarias, que la campaña del candidato negro había rechazado el ataque personal contra Clinton, incluso cuando a finales de 2007 se extendía una cierta sensación de pesimismo a propósito de la campaña de «baja intensidad» que muchos observaban en la carrera de Obama ideada por Axelrod. Y es que como camino alternativo a la dura campaña de Clinton, Axelrod había optado por una vía más sutil que el ataque frontal: «[Obama] nunca se refería a Hillary directamente, y era brillante y eficaz en la dirección de identificarnos con el pasado», según Wolfson. Ataque indirecto, como marcaba la «biblia» de Axelrod.

El estilo del gran spin doctor del fenómeno Obama así lo marcaba. Asimismo contaba con otro punto clave y característico: el apoyo explícito de terceras personas referentes para diversos y amplios *targets* electorales. Así fue como en los apoyos mediáticos de estrellas de Hollywood como George Clooney o Scarlett Johanson, se sumó el de la popular, poderosa y televisiva presentadora Oprah Wimfrey. Y a estos avales, ya adelantado el proceso de primarias para elegir al candidato demócrata a la presidencia de los EE.UU., se añadieron dos referentes muy simbólicos en el imaginario demócrata y norteamericano. Fue la semana antes del «supermartes», cuando Ted y Caroline Kennedy le mostraron apoyo público. Y no era la primera vez que la familia Kennedy respondía a las peticiones de Axelrod, por quien sienten una debilidad especial. No en balde, cuando sólo tenía trece años, el actual spin doctor ya repartía con entusiasmo chapas de Robert *Bobby* Kennedy en una carrera presidencial que sólo los disparos de una pistola pudieron detener. Las credenciales demócratas y la magia que todavía acompaña al apellido del presidente icono de los años sesenta acabaron de consolidar la opción Obama, en contraposición a una Hillary que básicamente tenía el aval público del *establishment* que había acompañado a su marido durante sus años en la Casa Blanca.

Y así fue como Axelrod fue tejiendo un relato que acabaría imponiendo su candidato a la que había partido como ganadora indiscutible en un primer momento. Y así fue también como a principios de septiembre de 2008, ya como rival del republicano John McCain, ante la subida de éste en las encuestas y ante los duros ataques de su campaña contra la de Obama, los demócratas rehusaron entrar en ese juego. Era parte del sello Axelrod. Y el desquite ante la artillería republicana consistió en unir a McCain a la crispación y a la negatividad. La campaña de Obama respondía con spots propositivos a los ataques que realizaba la candidatura republicana, todo con un estilo muy diferente. El intercambio de propaganda fue tal que dejó la producción de vídeos electorales en una media de un spot cada doce horas. YouTube fue la gran plataforma de este particular intercambio de artillería política. Al igual que Internet fue uno de los grandes secretos movilizadores y recaudadores, que también en este ámbito aportaron datos históricos a la candidatura de Obama.

Porque el relato que tenía que describir a Obama era el que mostraba su propaganda en positivo: un político que habla de manera informal y directamente tanto frente a la cámara como con el ciudadano normal y corriente. Una estrategia que quería contraponer su imagen «real» con el radical socialista o activista negro que dibujaba la campaña de los adversarios. La propaganda de Obama lo unía a su madre, a su abuela y a una gran cantidad de blancos con quienes el político de Chicago se había relacionado durante años. No en balde, Axelrod había tenido un equipo fotográfico dedicado a Obama, que le siguió en infinidad de actos desde 2003. Unos esfuerzos que Axelrod hacía compatibles con la utilización del factor raza de su candidato para proyectar un mensaje de esperanza, así como para buscar la movilización de votantes receptivos al mensaje de cambio. Y cuajó.

La campaña de Obama en 2008 batió récords de participación y recuperó para los demócratas estados como Virginia, que no votaba esta opción desde 1964. Axelrod había llevado de nuevo al éxito a un candidato afroamericano, pero esta vez haciendo historia con letras mayúsculas, colocando en la Casa Blanca al primer presidente negro de los Estados Unidos.

Tres días después de su victoria frente a McCain, Obama comparecía en los medios con un discurso destinado a hacer públicas medidas destinadas a promover el crecimiento económico y a aliviar los efectos de la crisis financiera. Lo hizo rodeado de expertos demócratas y, justo detrás de él, de su compañero de ticket electoral, Joe Biden, y de quien ya se había anunciado como su jefe de gabinete en la Casa Blanca: Rahm Emanuel, no David Axelrod. Ninguna sorpresa. El gran spin doctor del triunfo electoral de Obama ya había advertido que no tenía planes de trabajar en la Casa Blanca, y sí en cambio para volver a Chicago. Porque él ya había hecho el camino que había decidido trazar con su «socio». Sólo los desconocedores de la verdadera figura de Axelrod se habían sorprendido cuando el jueves 6 de noviembre de 2008, sólo dos días después de la gran victoria de Obama, el nuevo presidente electo anunció que su jefe de gabinete en la Casa Blanca sería Emanuel. Un experto en la *fontanería* de la presidencia, que durante seis años fue colaborador de Clinton en la misma Casa Blanca, y que también como Axelrod había establecido lazos políticos con Obama en Chicago. Emanuel es un spin doctor al más puro estilo americano, pero a diferencia de Axelrod, en este caso más ligado al ejercicio del poder, a la recaudación de dinero, y más definido por sus cualidades para la organización que para la generación de ideas. Un perfil que a raíz de sus años en la Administración de Clinton inspiró al personaje de Josh Lyman, ayudante del jefe de personal –y también de origen judío– en la serie de culto *El ala oeste de la Casa Blanca (The West Wing)*.

Para el ámbito de las ideas, el presidente electo eligió, el 15 de noviembre de 2008, a Valerie Jarrett, y la nombró su asesora principal en la Casa Blanca, un cargo que durante el mandato de George W. Bush había ocupado durante años el poderoso Kart Rove. Jarrett, que a su vez pasaba a asumir el cargo de auxiliar del presidente para relaciones intergubernamentales, es amiga de Obama y de su mujer, Michelle, desde que el político demócrata decidió presentarse al cargo de senador demócrata por el estado de Illinois.

Axelrod, por otra parte, igual que el jefe de la campaña de Obama, David Plouffe, pasaría a formar parte de esas notas a pie de página de los libros de historia que en este volumen dedicado a la figura de los spin doctors adquieren otra dimensión, más propia, más detallada, más justa. Porque tanto Axelrod como Plouffe, y como la mayoría de los más auténticos asesores de los grandes líderes, son los vencedores a la sombra, allí donde están a resguardo de los focos de las cámaras y de unos periodistas a los que demasiado a menudo saben manipular con habilidad.

Andy Coulson *Con él llegó el escándalo*

- Su nombre completo: Andrew Edward Coulson.
- Lugar y fecha de nacimiento: Billericay, 1968.
- Su libro autointerpretándose: inédito.

¿Necesitan los *tories* a su propio Alastair Campbell? Así de contundente a la vez que escéptico se cuestionaba el diario *The Guardian* la decisión del líder del Partido Conservador británico, David Cameron, de fichar a Andy Coulson como responsable de comunicación de su partido. Un perfil en que muchos han querido ver un embrión de lo que fue Alastair Campbell para Tony Blair en sus años de liderazgo al frente del Labour. Con todo, al perfil fuertemente ideologizado de Campbell se contrapone un Coulson focalizado en la técnica. «¿Quieres decir eso?», le pregunta a Cameron. Y acto seguido éste le pone la manera: «Muy bien, así es como lo hacemos nosotros». Con el lenguaje de los medios de comunicación.

Las expectativas están puestas muy altas, respecto a Coulson, pero evidentemente sobre todo respecto a David Cameron. Y es que la comparación entre los dos responsables de comunicación nunca se habría producido a no ser porque la figura del joven líder *tory* ha despertado más de una comparación con el Blair que fue. Con el Tony Blair joven y dinámico que transformó el Partido Laborista, que lo arrastró hacia el centro, que lo reilusionó y que consiguió devolverlo al poder después de décadas ocupando los fríos bancos de la oposición en el Parlamento de Westminster. En este caso, David Cameron ha levantado una expectativa similar, no sólo por los importantes vínculos estéticos que lo equiparan en más de un punto al liderazgo de Blair (atrevido, directo, apostando por la comunicación...), sino por el trabajo de fondo que ha conseguido aplicar a un partido que necesitaba una revolución interna que le ha llegado con guante de seda, sin los traumatismos de otras épocas, o como mínimo sin provocar los destrozos entre aquellas familias políticas que a la hora de la verdad, ante unos comicios, están más ocupadas haciéndose la zancadilla entre ellas que apelando al voto unitario para su formación. Este riesgo ya queda lejos de un Partido Conservador que forma como un solo hombre detrás de David Cameron y de las expectativas de éxito que ha suscitado.

Una apuesta decidida por la defensa del medio ambiente y por las nuevas tecnologías son dos de los mensajes imagen que un hábil Cameron ha sabido proyectar como elementos diferenciadores, como marca de la casa y como valores para reconectar con una sociedad británica que en gran parte está desencantada después de más de una década de Labour en el gobierno. Unos ciudadanos que no se sienten liderados como lo estaban con Tony Blair (incluso en sus peores tiempos) de la mano de un Gordon Brown con un carisma audiovisual que roza el cero y que incluso ante un contexto de crisis económica no ha sabido rentabilizar sus años de experiencia al frente de las finanzas del país para sacar ventaja de su rival. Ante eso, Cameron transmite optimismo. Tiene hambre de poder. Se le nota pero no incomoda. Ha sabido transmitir la sensación de «buenazo» que quiere ayudar a su país en momentos complicados, y por esta vía también conecta con el Blair de los primeros tiempos.

Líder del Partido Conservador británico, desde octubre de 2005, el perfil de Cameron y su creencia en las técnicas del marketing político lo mostraron desde el principio como un evidente «relevo natural» de Blair. Su videoblog cuenta con las técnicas más modernas, como vídeos en los que el propio Cameron explica su actividad diaria, y se actualiza constantemente. Este esfuerzo de adaptación a las nuevas tecnologías le valió el premio al Comunicador del Año, otorgado en el October's PRWeek Awards. Un galardón concedido por la revista especializada en relaciones públicas y comunicación *PRWEEK. News, analysis and jobs for the public relations world*. En el número del 8 de diciembre de 2006, en el balance del año y concretamente en un reportaje titulado «The year of the blog» (El año del blog), el periodista Robert Gray empezaba su información de la siguiente manera: «¿Quién podía haber previsto que en el año 2006 uno de los mayores estrategas de relaciones públicas sería el líder *tory* David Cameron dirigiéndose de forma amateur a través de una cámara de vídeo desde la cocina de su casa? Con 160.000 visitas en los primero días, WebCameron demostró el nuevo poder de los blogs en el mundo de la comunicación».

Pero como Blair, aparte de generar una expectativa y de hacerlo en positivo, Cameron ha calculado que necesita alguien que además se enfangue para tratar de establecer la agenda y hacerlo marcando el *frame* o enfoque que más le conviene. Este perfil no es apto para lirismos, y necesitaba una figura como la de Andy Coulson, que era obvio que sirviendo a un pseudo-Blair pasaría a ser automáticamente percibido desde el primer momento como un pseudo-Campbell, maestro de la *photo–opportunity* y de introducir frases cuña y consignas de partido hechas noticia en los medios. Su imagen, menos desafiante y arrogante que la del antiguo spin doctor de Blair, no oculta unas cualidades para entender (y para travestir cuando haga falta) los códigos de la política y de la comunicación.

Coulson empezó a trabajar como periodista en 1986, con dieciocho años, en el *Basildon Echo.* Dos años más tarde fichaba por el tabloide *The Sun,* donde trabajaría, con un breve paréntesis de nueve semanas en el *Daily Mail,* hasta que en el año 2003 asumió las funciones de subeditor del *News of the World,* para pasar a ser su editor en 2003. Y bajo su dirección, este tabloide, uno de los más insolentes junto con *The Sun* y el *Daily Mirror,* creció exponencialmente a base de las especialidades de la casa: los escándalos. Ya fueran acusaciones de consumo de drogas a figuras de la política o la proyección de escándalos sexuales, como los atribuidos al futbolista David Beckam, el que hizo caer al ministro del Interior laborista David Blunkett o el que destapó las infidelidades del *tory* Boris Johnson, actual alcalde de Londres. Y estos sólo son breves apuntes y pinceladas que simplemente dan una idea de la afición al escándalo de un rotativo que con Andy Coulson como editor jefe vivió uno de sus momentos álgidos en la producción de este tipo de materia prima.

Pero hay ciertas barreras que incluso los periodistas más sensacionalistas e insolentes no pueden saltarse impunemente. Y así fue como durante esta última etapa el periódico de Coulson protagonizó un escándalo sonado, a raíz del arresto, la condena y el posterior encarcelamiento de su periodista Clive Goodman, que habría incurrido en un delito al interceptar mensajes de móvil de miembros de la Casa Real británica. Aquel escándalo forzó a Coulson a abandonar el *News of the World.* Pero la caída no fue estrepitosa. David Cameron supo ver en ello una oportunidad y lo fichó como director de comunicación del Partido Conservador inglés, cargo que Coulson estrenó el 9 de julio de 2007.

Gordon Brown no es el paradigma del líder mediático que requiere el siglo XXI. Su imagen no le ayuda en absoluto. De hecho, en vez de sumar, resta. Pero la escuela Blair en el Labour no murió con él, y la apuesta de Brown por las técnicas del marketing político es decidida. No sabe sacarle todo el provecho con aquel talento innato y natural que demostraba su antecesor, pero su maquinaria comunicativa es potente y en ocasiones consigue fijar ciertas imágenes y campañas, como una que hizo especial fortuna al principio de 2007 y que contaba con su imagen acompañada del eslogan «Not Flash, just Gordon». Una simpática campaña que positivizaba la imagen aburrida y gris de Brown con la del mítico superhéroe de cómic Flash Gordon. A partir de un juego de palabras y del nombre de los dos personajes, se quería transmitir la idea de que a pesar de no ser un super(líder) carismático, Brown era un personaje como el resto de ciudadanos. Un ciudadano más, trabajador y preparado para hacer frente a un contexto económico adverso.

A estas campañas y a la maquinaria mediática de Downing Street se le encomendó a Coulson que hiciera frente. Su nombramiento sorprendió en un primer momento, también en los sectores conservadores. La figura de Cameron era suave, cálida, afable, incluso. Pero eso no tenía que ser un problema. Esa también había sido la imagen del Blair de los primeros tiempos, y precisamente para no mancharla y para no implicarla en nada especialmente desagradable, de esta parte menos agradecida ya se encargaría alguien con pocos escrúpulos y dispuesto a cargar con la impopularidad de decisiones menos lucidas que las grandes palabras y los gestos cómplices que el líder proyectaría en público. Él sería el nexo de Cameron con las bambalinas del poder. Él pasaba a ser, pues, el interlocutor con una prensa especialmente dura en el Reino Unido. Pero de eso Coulson sabe mucho y, no en vano, entre sus amistades más íntimas está por ejemplo Rebekah Wade, editora del *The Sun*. El escándalo lo ha acompañado, como materia prima imprescindible, durante buena parte de su carrera. Ahora, como spin doctor de David Cameron, una de sus principales funciones es mantener este género bien alejado de su nuevo jefe, cosa que con toda seguridad no evitará respecto a sus adversarios. ¿Sino todo lo contrario?

Pedro Arriola *Los líderes pasan, él se queda*

- Su nombre completo: Pedro Arriola Ríos.
- Lugar y fecha de nacimiento: Sevilla, 1948.
- Su libro autointerpretándose: inédito.

«Si gano lo que ellos dicen, que me paguen la diferencia con lo que realmente es verdad». Con esta frase dicen que ironizaba Arriola en la etapa de ataques más duros que él y su líder, Mariano Rajoy, sufrieron en 2008 a raíz de la campaña que desde el programa *La Mañana de la Cope*, dirigido por Federico Jiménez-Losantos, les enfocó su artillería por el cambio de rumbo que el líder del PP quiso imprimir a su partido después de la segunda derrota consecutiva frente a José Luis Rodríguez Zapatero. No era la primera vez que desde los sectores más derechistas y reaccionarios del espectro mediático afín al PP se fustigaba a Arriola. De hecho, ya había sido así en sus tiempos de máxima influencia sobre José María

Aznar, a quien también asesoró desde 1989 y hasta que éste dejó la Moncloa en el año 2004. Arriola lo hizo de forma externa, sin formar nunca parte del organigrama del partido o del gobierno, y convirtiéndose así en uno de los pocos ejemplos de consultor político externo –quizás sólo junto con Xavier Roig– que sobrevive en el ámbito del Estado español con un cierto éxito. Propietario y director de la empresa Instituto de Estudios Sociales, está vinculado al Partido Popular por un contrato mercantil de servicios que se renueva anualmente y que se firmó en 1989, año en que José María Aznar accedió a la dirección estatal del PP. También es administrador único de la sociedad Consultores de Investigación Social. Ha sido asesor de la patronal CEOE, presidida por José María Cuevas, y de Telefónica, presidida por Juan Villalonga, y de César Alierta, a través de trabajos puntuales.

Marido de la ex ministra de Sanidad y ex alcalde de Málaga Celia Villalobos, es asesor de presidencia del PP desde 1989, cuando Rodrigo Rato le presentó a José María Aznar. El que fue ministro y delfín *in pectore* de Aznar contó durante años, a lo largo de su carrera política, con otros sociólogos de cabecera, pero Aznar quedó especialmente cautivado por Arriola. Y después de él, Mariano Rajoy, de tal manera que incluso se encarga de revisar los discursos del debate parlamentario de los presupuestos generales del Estado. Además, Arriola asesora a Rajoy a la hora de seleccionar a quién tiene que consultar el líder popular para fijar una posición sobre un tema determinado.

Informaciones periodísticas han apuntado que el servicio de consultoría política integral que ofrece Arriola al PP le proporciona unos ingresos brutos de 600.000 euros al año, seis veces más que el sueldo oficial de Rajoy. Una cifra bruta, ya que Arriola tiene empleados y el contrato se renueva en función del IPC. Hay que decir, sin embargo, que a estas cifras, el interesado contesta con una muy inferior, ya que por ejemplo en el año 2006 sólo reconoció un beneficio neto de 52.000 euros.

El entorno del sociólogo sevillano niega categóricamente que a través de su otra empresa, Consultores de Investigación Social, ingrese hasta 600.000 euros anuales por que en años electorales empresas amigas del PP le encarguen estudios sociológicos como si fueran para ellas. Se admiten trabajos para empresas en asuntos «ajenos al PP», pero para el resto se remiten a las declaraciones de Hacienda. Y por descontado, ni Arriola ni su entorno entran a responder las mismas informaciones periodísticas que para desgastarlo apuntan a la fortuna (política) que también acompaña a su esposa, Villalobos, reelegida en las últimas elecciones como diputada y escogida por Rajoy para formar parte de la Mesa del

Congreso. El puesto mejor pagado para un diputado de la oposición, que además incluye coche oficial y gastos de representación.

Pero ante los ataques, silencio. ¿Quién conoce a Arriola? Entre los ciudadanos es un perfecto desconocido y muchos políticos ni siquiera sabrían ponerle cara. Su influencia sobre los últimos líderes populares ha sido privilegiada y él emana confianza. Ante los feroces ataques de medios como *El Mundo*, *La Razón* o la Cope después de que Mariano Rajoy perdiera por segunda vez consecutiva contra Zapatero, Arriola quitaba hierro, recordándole al presidente del PP que en el año 1993, después de la segunda derrota consecutiva de Aznar frente a Felipe González, ya había pasado algo muy parecido. Ciertos medios cuestionaron el liderazgo del candidato popular, así como las tareas de asesoría del sevillano. Querían que el líder del PP fuera otro, y querían que fuera Mario Conde, según ironiza Arriola.

Su leyenda la han ido tejiendo a partes iguales él mismo desde la sombra y sus numerosos detractores, muchos dentro del PP. Conocen su importancia, aunque no sepan qué hace concretamente y, en cuanto a los dardos que le dirigen son dardos que van también contra el líder popular de turno. Y él deja hacer. Es el gurú en la sombra. El hombre de las radiografías sociológicas a base de analizar encuestas, de los informes detallados, de los documentos estratégicos de las campañas electorales. Es el hombre de los *power points*, de los cuadros estadísticos que instruyen a los equipos electorales.

Bajito, con barba y con aspecto de hombre corriente, es simpático, campechano y un gran aficionado a contar chistes. Respira un cierto optimismo vital que le ha ayudado a superar momentos complicados. En 1993, por ejemplo, cometió un clamoroso error de cálculo. Su previsión era que el PP se impusiera al PSOE, y falló. Muchos de los que se afanaban por ocupar su puesto de privilegio al lado de Aznar lo dieron por defenestrado, pero se equivocaron, porque finalmente Arriola ha «sobrevivido» políticamente a muchos de ellos y al propio ex presidente español. La confianza que le tenía Aznar llegó a tal punto que incluso lo designó personalmente para formar parte de la delegación que el entonces presidente envió en 1998 para mantener contactos con ETA en la tregua que los terroristas abrieron durante el primer mandato de los populares. Junto con Arriola, completaban la delegación gubernamental dos altos cargos de la Administración popular: el secretario general de Presidencia, Javier Zarzalejos, y el secretario de Estado para la Seguridad, Ricardo Martí Fluxà. Él fue también uno de los asistentes a una reunión que con posterioridad se celebró en la Moncloa, el 16 de diciembre de 1998, para analizar los resultados de aquel primer encuentro. Allí se tomó la decisión de acercar a veintiún presos de ETA a Euskadi.

Pero las críticas nunca han dejado de acompañarlo. Una demostración de hasta qué punto hace años que no ha dejado de ser clave al más alto nivel para el PP. Todas las alarmas sonaron en la Moncloa y en la sede de la calle Génova del PP, cuando poco antes de que José María Aznar hiciera pública su decisión a propósito de la designación de su sucesor, una noticia de *El Mundo* informó en primicia que el despacho de Arriola había sufrido un robo por parte de unos desconocidos que, entre otras cosas, se habrían llevado informes sobre el proceso sucesorio en el PP. Arriola se limitó a responder admitiendo el hurto del que había sido víctima, pero asegurando a la vez que lo importante estaba donde tenía que estar y que sólo él lo sabía.

Aznar pasó y Arriola siguió. Y así fue como en las elecciones de 2008 al Congreso se le atribuyó parte de la decisión del PP de apostar por la recuperación de los debates cara a cara televisados entre el candidato del PP y el del PSOE. Pero además de esta decisión, también se le atribuyó el tono de Rajoy en la segunda parte del primer debate. Y es que en el primer cara a cara, durante el primer bloque del debate previo al corte de publicidad, en la discusión sobre economía, políticas sociales y seguridad, el candidato del PP mantuvo una presión sofocante sobre Rodríguez Zapatero. Pero pasado el intermedio algo cambió y Rajoy moderó el tono, hecho que permitió que Zapatero reanudara una cierta iniciativa y que incluso pusiera alguna dificultad a su contrincante. Durante la publicidad, el único asesor que se había podido acercar a Rajoy para hablar con él había sido Arriola. Qué le dijo, nadie más que ellos dos lo sabe exactamente. Pero lo cierto es que en el imaginario de muchos volvieron a aparecer los debates de Aznar con González en la campaña de 1993, cuando después de un primer debate en que Aznar puso a González contra las cuerdas, en el segundo rebajó el tono y González cogió aire. Arriola también asesoró al candidato del PP en aquella ocasión, y también en aquella campaña el PSOE acabó imponiéndose. Porque ¿hasta qué punto puede afinarse para tratar de no avasallar al candidato socialista y no movilizar así en exceso al electorado de izquierdas? ¿Cómo hacerlo bien y al mismo tiempo que procurando movilizar al electorado propio? Ésta es una de las atribuciones de Arriola, que aún hoy día defiende que el PP perdió las elecciones de 1993 en el primer debate, ya que «asustó» a la izquierda. Otros piensan que, muy al contrario, el segundo debate dio el impulso clave a González. Por eso lo critican casi los mismos que se refieren a él ásperamente con el sobrenombre de *el valido, el virrey o el trilero*. Pero ellos no tuvieron la opción de intervenir al más alto nivel en procesos como éste. Arriola sí. Y lo sigue haciendo.

José Enrique Serrano *Con el permiso de Miguel Barroso*

- Su nombre completo: José Enrique Serrano Martínez.
- Lugar y fecha de nacimiento: Madrid, 1949.
- Su libro autointerpretándose: inédito.

Nieto de *santo*, su dedicación profesional le ha hecho trabajar en un ámbito muy terrenal y muy poco dado a la piedad cristiana. Y es que si José Luis Rodríguez Zapatero hizo en su momento una especial bandera de la muerte de su abuelo, «el capitán Lozano», un militar fiel hasta las últimas consecuencias a la democracia y a la República, su jefe de Gabinete de Presidencia en la Moncloa suma a la condición de mártir de su abuelo materno, Francisco Martínez García, un proceso de canonización del difunto que la Iglesia católica le abrió en el año 2000. Y es que el abuelo de José Enrique Serrano formaba parte del otro bando y fue fusilado por milicianos republicanos. Periodista director de *La Verdad,* jurista y alcalde de Murcia, su compromiso católico era conocido por todo el mundo. Y el destino quiso que el inicio de la Guerra Civil española le pillara de vacaciones en Tribaldos (Cuenca), donde el 5 de agosto de 1936 fue arrestado. Después de cinco horas de detención en la iglesia del pueblo, a él y a otras cinco personas las fusilaron sin juicio, acusados de católicos. Un testigo aseguró que durante aquellas horas previas a su muerte, el abuelo de Serrano estuvo rezando y sólo interrumpió sus oraciones para levantar los ánimos y preparó para la muerte a sus compañeros.

La trayectoria vital y política del abuelo Martínez García, al contrario de lo que apunta la leyenda que debió de pasar en un caso paralelo con Zapatero, no influyó mucho en el compromiso político de su nieto, o como mínimo no le hizo decidir en coherencia su orientación política. Y es que José Enrique Serrano, profesor de la Facultad de Derecho de la Universidad Complutense de Madrid (donde fue secretario general), ha tenido una trayectoria política estrictamente ligada al PSOE, siempre en la sala de máquinas. No en vano, uno de los apodos con que se refieren a él en círculos periodísticos y políticos le describe como «el fontanero mayor del reino». Y es que su trayectoria, su perfil, no es el del spin doctor electoral a la americana, sino un perfil de juicio ordenador y de gran conocedor del poder «por dentro», al estilo del personaje ficticio de Leo McGarry, jefe de personal en la serie *El ala oeste de la Casa Blanca (The West Wing*). Y ya en el mundo real, un perfil muy similar al de su homólogo en la primera Administración de Obama, Rahm Emanuel, jefe del gabinete de la Casa Blanca. Pero así como la política y el marketing aplicado a este mundo no asumen nunca paralelismos exactos de un sistema político a otro, en la figura de los spin doctors también son necesarios matices propios, y en nuestro entorno más inmediato, en una España donde el consultor político dedicado exclusivamente a este ámbito casi no existe más allá de la vida interna de partidos e instituciones, Serrano asume partes de un papel (que no incluyen la vertiente comunicativa explícita) que son propios de los estrategas políticos clave en el entorno del líder.

En 1987 fue nombrado director general de personal del Ministerio de Defensa que dirigía Narcís Serra. Y cuando éste fue ascendido a vicepresidente del gobierno de Felipe González, en 1991, Serrano se integró en Presidencia. Desde allí pasaría a asumir la subdirección del Gabinete de González, en el año 1993, para dar el salto definitivo, ya como director del Gabinete de Presidencia, en 1995. Fueron años duros y difíciles para un PSOE en plena decadencia, con un líder y un partido acosados por los escándalos que rodeaban su administración y por un PP con sed de poder que contó con la complicidad de un grupo de periodistas y medios de comunicación que el mismo González no dudó en calificar de *Brunete mediática*, por su implacable bombardeo (informativo, o desinformativo) contra los socialistas y sus socios. Sólo hay que apuntar en este sentido que la División Acorazada Brunete, creada en el año 1943 por el franquismo en recuerdo de una batalla clave que tuvo lugar en la población madrileña de ese nombre, fue durante años la más potente de las unidades militares españolas. El apelativo, evidentemente, no había sido escogido al azar por un González agobiado por el «fuego enemigo».

El contexto era convulso y estaba plagado de escándalos que afectaban al gobierno socialista, y en algunos casos éstos llegaron a salpicar a Serrano. Pasó con el *caso de los papeles del CESID*, Filesa, el conocido como Informe Crillon y la fuga del ex director general de la Guardia Civil, Luis Roldán. Serrano habría participado en la negociación para la entrega de este ex alto cargo huido de la justicia, según informaron algunos medios. Pero mientras diferentes altos cargos se veían forzados a dimitir (entre ellos el mismo Narcís Serra, en el año 1995, por un escándalo vinculado con los servicios secretos españoles –entonces CESID, hoy

CNI–), Serrano se mantenía indemne, a la sombra del presidente del gobierno. Su trabajo en la sala de máquinas de Moncloa le protegía. No era un personaje público, ni un primera espada del partido o del gobierno. Es una pieza escurridiza para la prensa enemiga y para la oposición. Además, el trabajo de Serrano en Presidencia, desarrollado con un carácter resolutivo, discreto y eficaz, cautivó a González, que después de ser derrotado por José María Aznar en las elecciones españolas de 1996, incorporó a su spin doctor como jefe de Gabinete del secretario general del PSOE. Serrano se mantendría incluso cuando la etapa de González como máximo dirigente de los socialistas españoles pasó. Y se mantuvo hasta el 2000, cuando Joaquín Almunia dimitió como secretario general la misma noche de las elecciones en que Aznar alcanzó su segunda victoria electoral, en aquella ocasión por mayoría absoluta.

El inesperado acceso de Rodríguez Zapatero a la secretaría general socialista en el 35º congreso que el PSOE celebró en julio de 2000 implicó que accediera a puestos clave del partido una nueva generación de políticos, que bajo el paraguas de la corriente que habían creado junto con Zapatero (Nueva Vía) consiguieron el control de la sede central del PSOE en la calle Ferraz de Madrid. José Blanco, Jordi Sevilla, Jesús Caldera, Carme Chacón o Juan Antonio López Aguilar tomaban el relevo de la generación de Serrano, salvando muy pocas excepciones como la de Alfredo Pérez Rubalcaba. Y de hecho fue este superviviente de la política, ministro con González y con Zapatero, quien recomendó el nombre de Serrano después del (también inesperado) éxito del nuevo líder socialista en las elecciones al Congreso del 14-M de 2004. Estaba vacante el cargo de jefe de Gabinete del presidente, y Rubalcaba sugirió el nombre de Serrano. Zapatero, según algunas fuentes, no sabía ni siquiera quién era e hizo diferentes indagaciones para conocer su trayectoria. Entonces fue cuando decidió incorporarlo a su equipo. A partir de este momento, algunos medios también lo aprovecharon para etiquetar a Serrano como el *lugarteniente* de Rubalcaba en la Moncloa.

No habían pasado ni diez años y Serrano volvía a asumir las mismas funciones que había tenido en el último Ejecutivo de González. En esta ocasión, sin embargo, con un presidente en su momento álgido de popularidad y al inicio de una carrera presidencial que haría que revalidara victoria en el año 2008, de nuevo con mayoría relativa y de nuevo contando con Serrano como «fontanero mayor del reino» en la Moncloa. El grado de confianza entre líder y spin doctor había ido *in crescendo*, hasta el punto de que Serrano tuvo un papel más que relevante durante el alto el fuego «permanente» que ETA anunció el 22 de marzo de

2006. Desde aquel momento y también una vez pasado el atentado en coche bomba en la T-4 del aeropuerto de Barajas, que acabó oficiosamente con el llamado «proceso de paz» el 30 de diciembre del mismo 2006. Aquel día, Serrano fue uno de los integrantes del reducido gabinete de crisis que se reunió durante tres horas bajo la dirección de Zapatero en la Moncloa para replantear la estrategia frente a ETA. Junto con ellos dos, los vicepresidentes María Teresa Fernández de la Vega y Pedro Solbes; el ministro del Interior, Alfredo Pérez Rubalcaba; el ministro de Asuntos exteriores, Miguel Ángel Moratinos; el secretario de Estado de Seguridad, Antonio Camacho, y el director del CNI, Alberto Sáiz.

Meses más tarde, algunos medios publicaron que aquel atentado en Barajas no había cerrado del todo la puerta a los contactos del gobierno de Zapatero con ETA y Batasuna. Las mismas informaciones aseguraban que el presidente habría confiado a Serrano la indirecta y única vía de comunicación que la Moncloa todavía mantendría con la organización terrorista, y que pasaba por ser el Centro Henri Durant para el Diálogo Humanitario, una ONG suiza a la que se había atribuido un papel de mediador durante el diálogo.

El triángulo formado por Serrano, la vicepresidenta María Teresa Fernández de la Vega y el alto representante para la Presidencia Europea y otras reuniones de alto nivel, el diplomático Nicolás Martínez-Fresno (secretario general de Presidencia en el mandato anterior), pasa por ser uno de los más firmes apoyos en que Zapatero se sustenta para establecer su estrategia y para llevar adelante los pilares de su acción de gobierno. Los vínculos con el presidente español se han ido haciendo muy intensos, hasta el punto de que el actual número dos de Serrano, como director adjunto del Gabinete de Presidencia, es José Miguel Vidal, primo hermano de Zapatero, amigo suyo desde la infancia y una de las personas a las que más escucha y en quien más confía el líder socialista.

Con él, en influencia y en cargo institucional, se equiparó durante un tiempo Miguel Barroso, que fue secretario de Estado de Comunicación de Zapatero y es actual marido de la ministra Carme Chacón. Barroso, que fue periodista de medios como *El Viejo Topo*, *El País* o la Agencia EFE, había empezado en política como jefe de prensa del ministro de Educación José María Maravall en 1982, asesoró a Felipe González en aspectos comunicativos para preparar debates clave que este libró frente a Aznar en el tramo final de su presidencia, y asesoró a Zapatero ya en sus primeros pasos como líder electoral del PSOE. Sigue ejerciendo una gran influencia sobre Zapatero, lejos de los focos de las cámaras, y hoy día lejos del *staff* de la Moncloa. De hecho, dejó de ser secretario de Estado de Comunicación, el 30 de septiembre de 2005, sin hacer ruido y aprovechando con este objetivo una fecha clave de un proceso que precisamente en aquellas fechas despertaba mucho revuelo. Aquél fue el día en que el Parlamento de Cataluña aprobó un ambicioso proyecto de Estatuto que más adelante quedaría claramente recortado.

Pero Barroso ya influía en el «proyecto Zapatero» antes de que éste llegara a la Moncloa, y lo hace igualmente ahora, aunque oficialmente se dedica sobretodo a escribir libros. Sigue siendo uno de los grandes –si no directamente «el gran»– spin doctor del líder socialista. Y sigue siendo el líder de uno de los círculos concéntricos sobre los cuales Zapatero consolida su poder, una fórmula –la de varios círculos de poder a su alrededor– que el presidente español ha adoptado frente a la tradicional pirámide jerarquizada. En este sistema, Barroso lideraba antes oficialmente –y hoy lo sigue haciendo de forma más discreta– el círculo de sus asesores personales. Los spin doctors al más puro estilo americano, preocupados por el mensaje, por el relato, por la imagen proyectada, por las frases para la historia. Y paralelamente a este entorno liderado por Barroso, José Enrique Serrano ha ido perfilándose como la pieza clave del círculo *monclovita*, que al igual que el de Barroso también tiene que convivir con el círculo del partido.

La decisión más importante que algunos atribuyen a Barroso fue la selección del equipo directivo de RTVE cuando, colocó al frente a la profesora universitaria Carmen Caffarel. Pero eso fue para él poca cosa. Su gran misión, lejos de los movimientos en torno al ente público, fue el impulso clave que dio a luz de las cadenas Cuatro y La Sexta. Porque el ascendente de Barroso sobre Zapatero es importante en la creación de discurso, pero también lo es en el establecimiento de puentes de entendimiento con los diferentes grupos mediáticos estatales. Los discursos clave del presidente llevan su sello, pero el actual mapa mediático español, también, consciente de la importancia clave de los medios en la construcción de la política contemporánea y en la de sus principales protagonistas.

Barroso, que fue jefe de Comunicación del grupo francés FNAC, nunca acabó de tejer unas profundas complicidades en el entorno *monclovita* más allá de contar con la máxima confianza de Zapatero y del equipo que formó en la Secretaría de Estado de Comunicación. Entre otros actores clave con quien nunca tuvo total sintonía estaba José Enrique Serrano. Y Barroso, como mínimo formalmente, pasó. Cedió el paso oficialmente, pero sólo para coger más fuerza desde la sombra, todavía más a resguardo de las miradas de los adversarios externos e internos. Y así fue como lo sustituyó un gris Fernando Moraleda, que ejercería de secretario de Estado de Comunicación hasta que, una vez renovado Zapatero en el poder, sería relevado por la periodista de la SER Nieves Goicoechea. Dos perfiles muy técnicos, estos últimos. Dos piezas que irían moviéndose en la Moncloa, igual que Nicolás Martínez-Fresno dejó la Secretaría General de la Presidencia y fue relevado por Bernardino León.

Ha habido muchos movimientos en la Moncloa desde que está Zapatero. Pero José Enrique Serrano continúa. Barroso pasó, pero ahí está. Y el poder en la sombra que el «fontanero mayor del reino» acumula vive en parte gracias a lo que Barroso permite y tolera porque complementa sus funciones como gran spin doctor de Zapatero. Pero eso a Serrano ya le va bien. Él domina cada vez más uno de los círculos de poder más influyentes en el entorno de Zapatero, y es que la adaptación de este longevo spin doctor al ecosistema propio de los de su especie es ejemplar. Este factor, entre otros, ha facilitado que su relación con el presidente español sea estrecha hasta el punto de que después de su segunda victoria electoral en el 2008, el nombre de Serrano sonara en diferentes quinielas como *ministrable*. Concretamente como posible ministro de Presidencia. Cuando le preguntaron a las puertas del Congreso sobre esta posibilidad, Serrano contestó con un lacónico: «Lo único que sé es que yo sigo». Y una vez más acertó.

Isaías Táboas *Como si lo fuera*

- Su nombre completo: Isaías Táboas y Suárez.
- Lugar y fecha de nacimiento: Valencia, 1958.
- Su libro autointerpretándose: inédito.

En el Pati dels Tarongers, justo a veinte pasos del despacho presidencial y junto al pequeño puente que conecta con la Casa dels Canonges, la ventana de Isaías *Pancho* Táboas en el Palacio de la Generalitat de Catalunya controla la entrada en el Saló Daurat, donde se reúne el Consejo Ejecutivo todas las semanas. Es el miembro del Gobierno catalán que trabaja más cerca de José Montilla. Mucho más cerca, por ejemplo, que el vicepresidente Josep-Lluís Carod-Rovira, que tiene despacho en el salón Sant Jordi, con vistas a la plaza de Sant Jaume. Es el secretario general de Presidencia de la Generalitat. Una especie de *alter ego* del presidente, interlocutor discreto y eficaz en Palacio y con los consejeros y alcaldes. Fuera del ámbito político, sin embargo, son pocos los que conocen su existencia. «No es un spin doctor», dice un cargo que lo conoce desde hace años. «Pero como si lo fuera», remata.

Coordina todos los departamentos de Presidencia y es vicepresidente del Consejo Técnico, vigilando de cerca a Carod-Rovira, que preside formalmente este organismo donde se decide lo que tiene que aprobar el Gobierno de Cataluña. Con todo, el rostro de Táboas es desconocido para la mayoría, incluso entre los políticos. Es un hombre de la estricta confianza de José Montilla y bajo sus órdenes trabaja el núcleo duro de Montilla en Palacio: Jordi Menéndez, secretario general adjunto del Departamento de la Presidencia; Jaume Badia, director del área de Análisis y Prospectiva, y redactor de los discursos clave de Montilla; Josep Martí, director general de Coordinación Interdepartamental, que vela para evitar duplicidades entre departamentos y para mejorar su coordinación; Laia Bonet, secretaria del Gobierno, y Aurora Massip, directora general de Comunicación del Gobierno. Por lo tanto, entre las competencias de Táboas está la coordinación de la agenda del presidente, sus discursos y la documentación que trabaja. Además, está presente en las reuniones del presidente con sus consejeros.

Su perfil es el del spin doctor institucional, a la española y con vocación por el trabajo en la sala de máquinas del poder. No elabora relato desde un punto de vista comunicativo, pero sí que lo viste por la vía de los hechos (no palabras) para que otros lo proyecten por él. Discreto, reservado, muy meticuloso, ordenado y fiel, dicen los que han trabajado con él que no le incomodan los largos silencios. Una cualidad que hay que valorar, especialmente para un dirigente como José Montilla, que si ha hecho bandera de alguna cosa en política ha sido precisamente de la discreción. Por los hechos, no por las palabras. En los viajes institucionales que hacen juntos, tan sólo pronuncian un par de palabras. Y la relación y el entendimiento entre los dos funcionan a la perfección.

Quizás es cosa de sus raíces gallegas, pero la mayoría de los periodistas que lo han intentado se han encontrado con una pieza difícil de escudriñar. «Si Montilla habla poco, yo menos», ha soltado en alguna ocasión con una media sonrisa. Y eso hace grande la leyenda del hombre a la sombra de Montilla. El *tercer hombre* del Ejecutivo de Montilla, dicen algunos entusiastas. Y es que ocupa un cargo clave que en tiempos de Jordi Pujol desempeñó con visibilidad manifiesta Lluís Prenafeta, por ejemplo. Pero a él difícilmente lo verá nadie haciendo una rueda de prensa en Palacio. Para eso ya está Jordi Menéndez, cuando es preciso.

Él se dedica sobre todo a trabajar. A «picar piedra», dice un estrecho colaborador. Y de hecho así ha sido durante la mayor parte de su trayectoria profesional. Ya cuando estudiaba Historia trabajó como mensajero del diario *Sport*, un vínculo con el fútbol que hasta hace algún tiempo era lo único que compartía con el hecho de estar casado con la hermana de Marc Ingla, vicepresidente del FC Barcelona de Joan Laporta hasta el verano del 2008.

Siempre en la órbita socialista, moviéndose con buenos contactos elaborados a base de trabajo con resultados, Táboas fue consejero delegado de la editorial Avenç, en sustitución del ex consejero Ferran Mascarell. Fue director del área de realización multimedia y de la editorial de la Universitat Oberta de Catalunya (UOC), y director de Comunicación de Renfe en la época de la desaparecida Mercè Sala.

En política dicen que cuesta hacer amigos, pero Isaías *Pan*cho Táboas ya tenía uno influyente desde que ambos eran jóvenes. Un amigo que lo presentó en Montilla y que también responde a una tipología de spin doctor, en este caso y sobre todo en los últimos años, muy dedicado al partido, y no tanto a la Administración pública. Se trata de Miquel Iceta, actual viceprimer secretario y portavoz del PSC. Él, junto con el actual secretario general adjunto del grupo socialista en el Congreso, Daniel Fernández, se lo presentaron en 2004 a José Montilla. Hay que decir que el perfil de Miquel Iceta ha sido desde hace años uno de los más influyentes entre bambalinas, en el devenir político del PSC. Pero también lo fue en los tiempos de Felipe González en la Moncloa, con Narcís Serra de vicepresidente, en este caso en el Gobierno español. Con Serra, Iceta asumió la dirección del Departamento de Análisis del Gabinete de la Presidencia (1991-1995) hasta que el vicepresidente tuvo que dimitir. Entonces Iceta pasó a ser el subdirector del Gabinete de Presidencia del Gobierno español, hasta que en 1996 accedió el PP a la Moncloa. Actualmente ha asumido un papel más «político», como una de las caras públicas del Partit dels Socialistes Catalans. De hecho, él, junto con Montilla y José Zaragoza (secretario de Organización y Finanzas) son el triunvirato que domina el partido con mano firme desde hace años. El primer secretario del PSC, pues, tiene directamente en el partido a dos spin doctors auténticos, al más puro estilo anglosajón, que con los años han ido adaptando su papel a las exigencias que la política catalana y española imponen a estos actores políticos, sobre todo integrados en las estructuras partidistas, muy cerca del líder y asumiendo un creciente protagonismo público.

Zaragoza, gran enlace del partido con los periodistas, ha adquirido en los últimos tiempos más protagonismo, fruto de su labor pública de desgaste del adversario y de propagación del mensaje del PSC. Este factor ha contribuido a ello, y el resto ya lo ha puesto la identificación pública de su figura con campañas políticas como la famosa del eslogan «Si tú no vas, ellos vuelven», cuando en la campañade los socialistas catalanes en las elecciones al Congreso del 9-M de 2008 se identificaba a Mariano Rajoy, Eduardo Zaplana y Ángel Acebes con unos amenazadores replicantes de los protagonistas de la película *Reservoir Dogs*. Zaragoza ha tenido mucho que ver con la concepción y ejecución de campañas como ésta, y también ha sido actor clave en la gestación de gran parte del material propagandístico (en tiempo de campaña explícita y más allá), junto con otros militantes socialistas como el publicitario Enric Casas, director de Comunicación del PSC y de Comunicación Corporativa y Calidad del Ayuntamiento de Barcelona. Zaragoza, junto con Iceta y Montilla, es uno de los tres habitantes con despacho en la cuarta planta de la sede nacional del PSC en la calle Nicaragua de Barcelona. El suyo está en medio del de los otros dos, junto a la sala donde se reúne periódicamente la Ejecutiva de su partido. Se hace evidente (¡hasta físicamente!) el peso de los dos grandes spin doctors de los socialistas catalanes. Y es que su ascendente sobre el líder es muy grande. Hasta el punto que uno de ellos fue el principal responsable de descubrirle quién sería su *alter ego* en Palau.

Iceta, pues, puso en contacto a Montilla y Táboas, y la presentación surtió efecto el 11 de abril de 2004. Ccuando faltaban tres días para su toma de posesión como ministro de Industria, Montilla llamó a Táboas y le preguntó si no había pensado en volver a trabajar en Madrid. Sabía que *Pancho* pensaba en ello, para trabajar en el sector de las nuevas tecnologías, así que su respuesta fue doblemente positiva. Sí a la primera pregunta, y sí a la que siguió: «¿Por qué no vienes conmigo de jefe de gabinete del Ministerio de Industria?». Así lo hizo. Y desde aquel momento, pocas personas han mantenido una relación profesional más estrecha con Montilla. Quizás a excepción de Toni Bolaño, que durante años fue jefe de prensa de Montilla, también en el Ministerio, y que fue director general de Comunicación del Gobierno hasta julio de 2008, cuando dimitió «por motivos personales», desgastado entre otros frentes por sus encontronazos con algunos periodistas como el jefe de Política del periódico *La Vanguardia*, Jordi Barbeta. Bolaño también era una especie de *alter ego* de Montilla, en este caso el encargado de buscar si era preciso el cuerpo a cuerpo con los periodistas, al estilo de los spin doctors anglosajones más agresivos e implacables. De hecho, a raíz del nombramiento de Rahm Emanuel como gran responsable de «máquinas» en la Casa Blanca dirigida por Barack Obama, en noviembre del 2008, alguien recordó una biografía sobre el personaje que había sido publicada años atrás en la revista

Fortune y que describía a Emanuel como un carácter implacable que se mueve con la máxima de *Los intocables*: «Si el otro saca una navaja, tú sacas la pistola; si ellos envían a uno de los tuyos al hospital, tú envías a uno de los suyos al depósito de cadáveres». Bolaño, adaptado al nivel de violencia (siempre verbal) que se tolera en la tradicionalmente balsámica política catalana, ejerció los mecanismos de presión que la maquinaria gubernamental pone al alcance del entorno del líder, pero el desgaste que esta responsabilidad le supuso (personalmente y políticamente) lo obligó a presentar la dimisión como director de Comunicación de Presidencia, en julio de 2008. Bolaño, así, cedió el paso en el entorno más inmediato de Montilla en Palacio, en beneficio de un Isaías Táboas que era sabido que tenía un estilo y unos objetivos estratégicos que más de una vez habían chocado con él. No lo hizo nunca de forma frontal, pero finalmente su estilo se ha impuesto.

Dice un amigo de Montilla, que tuvo responsabilidades municipales en la etapa de éste como alcalde de Cornellà, que el actual presidente «con las personas que no conoce es encantador; con compañeros de trabajo es más frío; pero con sus estrechos colaboradores puede llegar a ser muy, muy duro». Una tensión y una exigencia que pocos aguantan durante mucho tiempo, como fue el caso de Bolaño. Pero que no es el caso de Táboas, de momento. En este sentido, un carácter bastante parecido podría ser la piedra angular que explicara esta especial sintonía. Una relación que ha vivido momentos de éxito y la gestión del poder al más alto nivel político en Cataluña, pero que en Madrid tuvo que enfrentarse a una implacable ofensiva política y mediática que tenía a Montilla en su punto de mira para desgastar a Zapatero y el Estatuto, con la excusa de la opa de Gas Natural sobre Endesa.

El PP y sus altavoces mediáticos más potentes acusaron a Montilla de haber entorpecido, a favor de la compañía catalana, la opa de la alemana E.ON sobre la eléctrica española. Y en el camino para abortar la operación de Gas Natural, los ataques, también personales y que apuntaban a supuestos tratos de favor de la Caixa a Montilla y al PSC, fortalecieron la relación entre el entonces ministro y su asesor. Desde entonces pasó a ser conocido en círculos reducidos como la sombra de Montilla, con quien forma un tándem que en el Palau de la Generalitat algunos ya han bautizado como los *Héroes del Silencio*.

Entre las prioridades de Táboas en el Gobierno catalán destaca la misión de evitar la proyección pública de disparidad de discursos sobre la acción gubernamental, así como el fortalecimiento de la autoridad del jefe del Ejecutivo sobre los consejeros de los aliados. Táboas se cuida de tejer un «relato único» de las prioridades y de la acción gubernamental. Porque aunque no sea totalmente así, hay que proyectar que las iniciativas del Govern empiezan y acaban en el presidente, que tendrá que capitalizar los réditos positivos. En eso trabaja metódicamente la mano derecha de Montilla y su núcleo duro de Palau, que trabaja a sus órdenes y que algunos han calificado de un *«gobierno» dentro del Gobierno.* Y es que nadie en el Ejecutivo de Montilla mueve un papel relevante sin que Táboas lo sepa, en una emulación de tiempos pasados que se salta la etapa de Maragall. En esta dirección, colaboradores de la más estricta confianza de Montilla admitieron este objetivo ya desde el principio del segundo tripartito, advirtiendo que éste «se parecerá más a un gobierno de los de Pujol que al de Maragall». Y es que, como Prenafeta en su día, la autoridad de Táboas, sin tener rango oficial de consejero, es reconocida y en algunos casos temida por los miembros del Gobierno catalán.

David Madí *El 'americanizador 'de la política catalana*

- Su nombre completo: David Madí i Cendrós.
- Lugar y fecha de nacimiento: Barcelona, 1971.
- Su libro autointerpretándose: *Democràcia a sang freda. Les interioritats de la política catalana* (Mina, L'arquer, 2007).

Cuando se habla de *americanización* de la política, los dos principales rasgos que describen este fenómeno son los adelantos y la aplicación de las nuevas tecnologías, así como el poderoso papel que desempeñan los medios de comunicación de masas, y la progresiva desideologización de la política. Las dos, características que adversarios políticos y mediáticos observaron desde el inicio de su ascenso en los hombres de Artur Mas (CiU), con David Madí al frente.

Madí formó parte de la cúpula de la organización catalanista La Crida y fue uno de los activistas de la campaña de agitación «Freedom for Catalonia» durante los Juegos Olímpicos de 1992. Entonces un joven David Madí consideraba a los convergentes unos dudosos patriotas. Pero no tardaría mucho en cambiar de opinión e ingresar en CDC, en 1993, junto con su amigo Francesc *Quico* Homs. Joaquim Forn (hoy concejal en el Ayuntamiento de Barcelona) lo reclutó, junto con otros jóvenes militantes, para crear un grupo claramente alejado de la influencia que el entonces secretario general, Miquel Roca, ejercía sobre la mayoría de los chicos que habían pasado por la Juventut Nacionalista de Catalunya (JNC). Hacía poco más de un año que el entonces *número dos* había perdido el pulso librado con Jordi Pujol por el poder dentro del partido. Antes de su incorporación en CDC, donde desarrollaría tareas de responsabilidad en el Área de Acción Sectorial y en la Secretaría de Organización, Madí había conocido a Oriol Pujol i Ferrussola, en los tiempos de estudiante en la UAB, militando en el sindicato nacionalista universitario FNEC (Front Nacional d'Estudiants de Catalunya).

En 1994 desembarca en la Administración catalana, como jefe del Gabinete de Estudios del Departamento de Gobernación, junto con su amigo y compañero del FNEC, Àlex Bas. «A partir de entonces teníamos que hacer política de verdad», recuerda. Poco a poco, se fue convirtiendo en uno de los principales aliados de Oriol Pujol, que tenía la intención de crear un grupo con voz y voto a la hora de decidir el futuro de CiU, con voz y voto sobre la preparación del futuro que ya se veía en el horizonte: el *postpujolismo*. Había que empezar a trabajar, antes de que el presidente se retirara. El cambio tenía que llegar desde dentro y desde el entorno más próximo al líder.

En mayo de 1996, Oriol Pujol había aterrizado en la Administración catalana, como director general de Asuntos Interdepartamentales, adscrito a Presidencia. A partir de aquel año un grupo de jóvenes encabezado por Madí y Pujol Ferrussola empezó a mantener reuniones constantes para reflexionar sobre el partido y el proyecto nacionalista. Se fue formando lo que años después se conocería como *el pinyol* (el piñón). El grupo era un todo con premisas claras. Una de éstas, conducir el proceso sucesorio de Pujol, controlando o frustrando toda iniciativa en esta línea que no pasara por su proyecto. Eran *el pinyol,* como a ellos les gustaba llamarse en contraposición a otras etiquetas que les colgaron, como las de *talibanes* o *halcones*.

Junto con el joven Pujol, el papel de Madí cada vez se convertía en más activo y reconocido. Después de su desembarque en Interior, su estrella empezaba a brillar con fuerza. En el verano de 1997 acompañó a Artur Mas en su estreno en la Consejería de Economía y Finanzas, como jefe de gabinete del consejero. A partir de aquel momento, Mas y Madí ya no se separarían. Fue de Madí la idea de crear la figura del consejero portavoz, para que recayera en Artur Mas y lo proyectara de forma mediática. Y cuando se creó el departamento, el joven spin se incorporó a él como director de la Oficina del Portavoz. Ya sólo quedaría una estación más en el recorrido institucional que los hombres de Mas habían diseñado: la *conselleria en cap*. Llegaría el 18 de enero de 2001, y Madí pasaría a asumir la

Secretaría de Comunicación del Gobierno. Por fin, toda la maquinaria comunicativa de la Administración catalana bajo su control.

Todo el mundo lo tiene muy claro. Él mismo, sus compañeros de viaje, los periodistas que siguieron la federación del 2000 al 2003, y el propio Mas: «David Madí coordinó todo el proceso». Que Madí conducía la estrategia de Mas era tan evidente para todo el que se detenía a observarla que incluso el hoy presidente de CiU se tiene que defender alegando que «aun así, yo nunca estuve subordinado a David Madí. Básicamente no era incómodo ni para él ni para su equipo, como sí que a menudo lo son otros candidatos con sus estrategas y asesores de comunicación. Pero el contenido del mensaje lo decidí yo, personalmente». No deja de ser significativa esta reivindicación que en principio podría parecer prescindible, teniendo presente que el líder era Mas, el político era Mas y la línea de un partido la acostumbran a marcar –o así se nos ha enseñado– los políticos, y no los asesores de comunicación y su equipo. La observación de Mas, sin embargo, no era gratuita. La nueva política cada vez difumina más esta frontera entre unos y otros, la balanza se decanta claramente hacia los segundos. El estilo de Madí no pasaba desapercibido entre los trabajadores de Palau, y tampoco en los bancos de la oposición, donde conocían su peso en el proceso decisorio de la estrategia de Mas.

El miércoles 3 de abril de 2002 el Partido Popular de Cataluña acusó a convergentes y socialistas de «americanizar» la política catalana y de convertirla en un «espectáculo mediático». Madí estaba en el ojo del huracán de esta polémica. Mientras que el PP lamentaba que CiU y PSC «se empeñen en aprender las mejores técnicas para vender una imagen artificial de sus líderes», ERC expresaba sus sospechas a propósito de un uso partidista de recursos públicos en un viaje de los estrategas de Artur Mas y de Pascual Maragall. ¿Y a qué eran debidas estas protestas? Aquel mismo día, el 3 de abril de 2002, el periódico *La Vanguardia* abría la sección de política con el siguiente titular: «CiU y PSC comparten cursillo electoral». El subtítulo era más informativo: «Estrategas de Mas y Maragall estudian juntos en Washington cómo ganar elecciones».

David Madí, entonces secretario general de Comunicación del Gobierno catalán, y Miquel Iceta, jefe de campaña del PSC, habían coincidido por casualidad en Washington, en un seminario intensivo sobre campañas electorales, *Soar with the winners* –'Elévate con los ganadores'–, organizado por *Campaigns and Elections*, una revista mensual especializada en la materia. A David Madí lo acompañaba Marc Puig –otro de los más estrechos colaboradores de Mas–, entonces director de Difusión de la Generalitat, y Xavier Curtichs, director de la consultora de comunicación Tinkle. Al asesor socialista le acompañaba Gabriel Colomé, entonces secretario del Instituto de Ciencias Políticas y Sociales (ICPS), ente en consorcio con la Universidad Autónoma de Barcelona y la Diputación de Barcelona. Con el primer gobierno tripartito, Colomé pasó a asumir la dirección del Centro de Estudios de Opinión (CEO).

Todo sucedió cuando todavía faltaban veinte meses para los comicios catalanes, hecho que demostraba que la maquinaria electoral de los dos principales partidos ya estaba a pleno rendimiento. Igualmente, este capítulo puso sobre la mesa, de una forma muy clara, la inspiración americana de los métodos de campaña de los spin doctors de Mas. Un factor revestido de cierto tono peyorativo, en vista de los comentarios negativos que hacían los representantes de los otros partidos respeto a la americanización de la campaña. Se hacía una relación directa entre técnicas norteamericanas, espectáculo y artificialidad. Éste sería uno de los *handicaps* de imagen contra los que tendrían que luchar los hombres de Mas.

El 15 de noviembre de 2002, el secretario de Comunicación anunció en rueda de prensa que el Govern se marcaba como objetivo completar el mapa radiofónico catalán con un concurso que se haría en un futuro próximo, que no serviría para crear nuevas cadenas ni supondría el cierre de ninguna ya existente. Por este motivo Madí hizo público que había autorizado el uso de frecuencias disponibles para que se utilizaran en periodo de pruebas. La Generalitat otorgaba preferentemente las licencias a grupos de comunicación «arraigados en el país» de orientación diversa, desde el Grupo Godó hasta Justo Molinero, pasando por Planeta, Ona Catalana y el Grupo Flash. El Grupo Prisa quedaba fuera de la elección. Poco después, a principios de febrero del 2003, el diario *El País* hizo estallar el llamado *escándalo de las encuestas*, acusando a la dirección general de Evaluación y Estudios de manipular las encuestas de valoración de líderes, en beneficio de Artur Mas.

Aunque Madí no era el responsable de esta área en las fechas en que se habían registrado las disfunciones, la oposición centró toda la presión sobre él. Mas dijo que Madí no dimitiría, destituyó a Josep Camps, el jefe de la dirección general afectada, y puso en marcha la creación «de un CIS catalán». Pero la oposición, con la ayuda del Grupo Prisa, no disminuía y seguía pidiendo la cabeza de Madí. El desgaste empezaba a palparse, a pocas semanas de las decisivas elecciones municipales que tenían que celebrarse en mayo del 2003, a pocos meses de las primeras elecciones catalanas que Mas afrontaría como cabeza de cartel de CiU. Finalmente, el 16 de abril de aquel año, ante la comisión parlamentaria que se había creado expresamente para el caso, David Madí anunció su renuncia. La comparecencia de David Madí era la primera prevista ante la comisión. También fue la última. Una vez anunciada la renuncia de Madí, CiU y PSC reconocieron que ya se habían depurado todas las responsabilidades y que ya no tenía sentido que los trabajos de la comisión continuaran.

En aquella reunión, a puerta cerrada, el hombre de confianza de Artur Mas explicó que se presentaba en calidad de ciudadano, ya que acababa de presentar su dimisión irrevocable al consejero jefe, con el objetivo de poner fin al «asedio político y moral al que he sido sometido». A continuación, Madí leyó una carta de dimisión presentada el día 6 de marzo, que no le había sido aceptada, y que dio por válida para la renuncia que consumó aquel 16 de abril. A partir de aquel momento se dedicaría totalmente al partido en el que al día siguiente estrenaría despacho. En la Secretaría de Comunicación del Gobierno, Marc Puig tomó el relevo. El *pinyol* seguía intacto, pero el principal spin doctor de Artur Mas había sufrido en primera persona un mal que afecta a muchos de su especie: cuando se exponen demasiados a la luz, son una presa fácil y un elemento de erosión de su líder.

Desde el partido, ya implicado del todo en la sala de máquinas que tenía que preparar las primeras elecciones de CiU sin Pujol como candidato a la presidencia de la Generalitat, Madí volvió a ser de especial utilidad para Artur Mas. Concibió y gestionó una campaña que hizo que Mas se impusiera en la mayoría de los pronósticos y ganara las elecciones a un veterano y carismático Pascual Maragall. Pero las elecciones catalanas no son las americanas. Aquí quien gana no se lo lleva todo y la aritmética parlamentaria postelecciones tiene un papel determinante. ERC decidía presidente y optó por Maragall. El descalabro en la federación nacionalista fue de proporciones descomunales. Quedaban fuera del poder, después de veintitrés años, pero sobre todo después de haber ganado contra pronóstico. Aquello dolió más que si hubieran perdido directamente las elecciones. La desorientación en los sectores nacionalistas empezó a extenderse y Mas, decidido a repetir como candidato, optó por japelar a la resistencia y a una segunda oportunidad. Para hacerlo, y para consolidarse en el liderazgo del partido (CDC) y de la federación (CiU) se rodeó de un círculo reducido y compacto: el *pinyol*, con David Madí al frente. Ellos formarían la *guardia pretoriana* del líder.

Con este equipo Mas también ganó las elecciones al Parlamento del 1-N de 2006. Lo hizo con once escaños de distancia sobre el PSC. Pero el tripartito seguía sumando y lo volvió a hacer. El proyecto ya era previo a aquellos comicios. Si se daba la opción de volver a sumar, se reeditaría el pacto. Sin embargo a esta opción estratégica predeterminada se sumó una gran excusa: la campaña de CiU en aquellas elecciones, que fueron las de «la campaña del DVD». O lo que es lo mismo, la campaña que CiU abrió por sorpresa con la difusión en prensa y a través de Internet de un documental (*ConfidencialCAT*) que durante aproximadamente una hora repasaba con un estilo de reportaje, pero contundente e implacable en la crítica, lo que habían sido los tres convulsos años del tripartito de Maragall. Las críticas a esta iniciativa fueron generalizadas y Madí centralizó los ataques. Con todo, hoy día, él todavía se reafirma en las bondades de aquella iniciativa. De hecho, él la volvería a repetir si hiciera falta, pero no es probable que le dejen reincidir.

En el 15º congreso convergente, celebrado en Barcelona en julio del 2008, Mas salió reelegido como secretario general de CDC. Pero ciertos movimientos subterráneos de corrientes internas que esperan a manifestarse abiertamente en caso de que Mas no alcance la presidencia de la Generalitat en su tercera oportunidad, le dieron un toque de atención. Y como acostumbra a pasar en estos casos, no lo hicieron en confrontación directa con el interesado, sino a través de su mano derecha. Fue así como Madí sufrió un severo voto de castigo que lo convirtió en el miembro de la Ejecutiva con menos apoyo de las bases. Algunos apuntaron posibles maniobras del secretario general adjunto, Felip Puig. Otros llamaron la atención sobre la votación en bloque de la JNC, influida por la corriente de los autoproclamados como *renovadores*, encabezados por el alcalde de San Cugat, Lluís Recoder. Pero en cualquier caso, Madí no dejó de cumplir también en este caso una de sus funciones: parar los golpes dirigidos al líder. Y así seguirá siendo, como mínimo hasta que éste salga vencedor o no en su última oportunidad como candidato por tercera vez consecutiva.

Capítulo VII

Los orgullosos hijos de Richard Nixon

En los Estados Unidos, siempre unos pasos por delante que los demás, la narración de relatos edificantes ya se considera un nuevo paradigma en las ciencias políticas, de la mano de la imagen y de la retórica. Allí, como aquí, este contexto domina las campañas electorales, pero también el ejercicio del poder ejecutivo o las gestiones de crisis. Una concepción postmoderna de nuestra sociedad atribuiría en parte esta realidad a un mundo que, pasados los grandes relatos, privilegiaría la anécdota y el brillo de las pequeñas historias. Y es que en la línea de analistas como Christian Salmon, autor del libro *Storytelling, la máquina de fabricar historias y formatear mentes*, no es excéntrico defender que los candidatos a la presidencia norteamericana tienen en común una historia de mitos y de héroes norteamericanos que hace que se alineen con esta corriente narrativa creando, a partir de sus orígenes familiares, una historia propia que hay que confrontar a la de los otros candidatos en competencia. Lo hemos visto claramente en las elecciones presidenciales de un 2008 que ha erigido como presidente de los EE.UU. al candidato que mejor supo tejer su propio relato, que por cierto entroncaba directamente con el mito del «sueño americano». Pero el caso norteamericano no es exclusivo. La narración, tejer un relato propio, ha sido un recurso histórico al servicio de los que se han afanado por hacerse con el poder o de los que lo han hecho para mantenerse en él. Ahora la diferencia la encontramos, en esencia, en cómo este relato se concreta contraponiendo la batalla de las historias al debate sobre las ideas, y en cómo eso se hace bajo los dictados de lo que reclama una sociedad hipermediática, adicta al impacto, al espectáculo y en el que muy a menudo se impone el culto a la imagen. De hecho, sólo así puede ganarse la atención, objetivo primero de todo proyecto político que pretenda marcar la agenda.

Defender la alegría

La campaña electoral española del 2008 nos dio una muestra clara de la esencia de este mero escenario. José Luis Rodríguez Zapatero, que con su apelación constante en su legislatura inaugural como presidente al recuerdo de su abuelo, el «capitán Lozano», muerto fusilado a manos de los franquistas por su fidelidad a la República, construía un imaginario puente de contacto directo con una tradición democrática que se había extinguido por la fuerza décadas atrás y que automáticamente dejaba a su gran oponente –el PP– disminuido, cuestionado y a remolque. Y fruto de este relato, fruto de este *frame lakoffiano* que fijaba el sustrato del resto de debates en la tradicional dicotomía entre las «dos Españas», fue como el PSOE elaboró una campaña coherente que prescindía de debates sobre ideas como podría haber sido la contraposición de soluciones para una crisis económica que los socialistas insistían en negar. Fue la primera campaña electoral en el ámbito estatal español en que los partidos políticos pudieron elaborar spots electorales que serían proyectados en medio de la propaganda comercial y no en los bloques electorales tradicionales, si bien con la limitación de poder hacerlo sólo en los medios de radio y televisión públicos. Estos espacios de propaganda política asumían el formato y también la duración tradicional (20-30 segundos) de la propaganda comercial. En el caso del PSOE, la agencia publicitaria encargada de elaborarlos fue la Señora Rushmore, que en su «biblia» difunde una frase contundente: «Las grandes ideas son las que atrapan por las tripas». Y sigue: «[...] si la publicidad puede hacer alguna cosa por las marcas es a través de ideas únicas, simples, potentes y que lleguen justo al estómago del espectador, en el sitio donde residen las emociones [...]».

Así pues, por medio de la propaganda, el PSOE tejió un relato paralelo al de la crisis. La narración no tenía que ser ésta, para a ellos. Y supieron imponer su voluntad, con una campaña que apelaba a los sentimientos; al impacto emocional y edificante; al orgullo de sentirse demócrata. En definitiva, se impuso la manufactura de un relato adaptado a una sociedad que de tan educada en el relato audiovisual, se convierte en especialmente epitelial, sensible y víctima potencial de la persuasión por la vía de las emociones. El texto de uno de los spots electorales del PSOE, bien acompañado de imágenes y de música en total sintonía con ellas que seguían a un *crescendo* perfecto hasta el desenlace final, nos muestra esta apelación al sentimiento, a las emociones: «Dicen los estudios que si la participación es baja el PP podría ganar las elecciones. También dicen que cuando hace mal tiempo la participación es menor. Así que algunos desean que el domingo llueva con rabia. Nieve, viento, lo que sea para que te quedes en casa. Pero hay algo que no saben. Para los que votamos con alegría siempre hace sol. El domingo, ¡vota con todas tus fuerzas!». Participación baja, mal tiempo, lluvia, rabia, nieve, viento, quedarse en casa. Y eso se contraponía automáticamente a: votar, alegría, sol, fuerza. Ninguna idea en el relato, más allá de las que apelan a provocar una reacción por la vía de los sentimientos. Al igual que lo hacía la canción que diferentes artistas pro-Zapatero, que cantaban a defender la alegría (*Defender la alegría*). Y como hacía el eslogan del PSC, que apelaba a «La Cataluña optimista» y punto.

El gran salto a esta nueva realidad política, que como vemos ya no es patrimonio exclusivo de los Estados Unidos, se dio entre los años noventa del siglo pasado y principios del presente, cuando ya no era suficiente con proyectar *a posteriori* historias legitimadoras o legendarias con el objetivo de enaltecer la figura del líder. A partir de este momento, las historias se fabricarían para conquistar el poder, para ejercerlo y para hacer la difusión viral del relato deseado con el objetivo de marcar el horizonte de expectativa en que se tomará conciencia. Es en gran parte una de las derivaciones de la era Reagan, que también hizo entrar la campaña permanente por la puerta grande de la política. De él, John Anthony Maltese, en su obra de referencia *Spin control*, reconoce como sabía «seguir el guión», ayudado por un equipo de comunicadores que sabían cómo «preparar el escenario». Y, en coherencia, los presidentes que se han ido sucediendo después del republicano Ronald Reagan han aplicado su método de comunicación de manera mimética. Y en nuestro entorno tampoco dejamos de tener claros ejemplos de este gobernar a golpe de anécdota, en tiempos en que una historia bien trabajada y proyectada eficazmente obtiene sensibles mejores resultados que una compilación de hechos. Porque la comunicación política, de la mano del uso y abuso de las estrategias marketinianas, se ve implicada en un constante proceso de autopromoción a través de la proyección de mensajes dirigidos al corazón más que a la razón, a sus emociones más que a sus opiniones. Las estadísticas, pues, ceden el paso a las anécdotas en el relato del poder. Igual que las ficciones del líder sustituyen a la realidad.

En todo caso, una buena historia

Arthur Miller, guionista de los años dorados de Hollywood, lo decía a su manera en su libro *La política y el arte de actuar*, fijándose en el papel de los periodistas: «La prensa está compuesta de críticos teatrales camuflados; la sustancia casi no cuenta para nada en comparación con el estilo y una inventiva caracterización. Lo importante es si el tipo resulta persuasivo, y no aquello de lo que nos persuade». Bill Clinton estaba de acuerdo con eso, también a su manera, con detalles como el siguiente, que podemos leer en su libro de memorias *Mi vida*, que acaba con estas palabras: «¿He escrito un gran libro? ¿Quién lo sabe? Estoy seguro en todo caso de que es una buena historia». Una mirada absolutamente coherente con un pensamiento que el ex presidente norteamericano expresa en un libro en que defiende una política que según su opinión ya no consiste en resolver los problemas económicos, políticos o bélicos, sino que tiene que dar a la gente la posibilidad de mejorar su historia, de manera que el poder del presidente pasaría a identificarse con el de un guionista, realizador y actor protagonista que dura el tiempo de un mandato. Según Christian Salmon, la Casa Blanca, con el despacho oval en el centro, se considera un escenario, el plató donde se rueda la película de la presidencia que ha de transformar al presidente y su entorno en personajes de un «relato coherente». Porque también, como defiende Seth Godin, «todo en el personaje político cuenta una historia, su ropa, su esposa, sus asesores…». Sus asesores muy especialmente en los últimos tiempos, cuando su papel determinante es innegable en la manufactura del relato. Ellos son los spin doctors, gurús de la política adaptada a la «nueva visibilidad» descrita por John B. Thompson. Los grandes responsables de un giro narrativo de la política tal como la entendemos y la vivimos hoy –primero de la norteamericana y después del resto–, que tiene el origen de su gran impulso en el escándalo *Watergate*, causa de la renuncia del presidente norteamericano Richard Nixon.

Para Nixon, desde un principio, la prensa era el enemigo. Había sufrido en primera persona la predilección de los medios por John Fitzgerald Kennedy. A JFK la cámara le quería. A Nixon, lo detestaba. El trato de Kennedy con la prensa, además, había sido un idilio sostenido durante años, mientras que la relación de Nixon con el cuarto poder siempre había sido complicada, si no directamente hostil. Y fue así como dio una consigna clara a sus asesores: esquivada la prensa de

Washington. Esquivar a la prensa, pues, y apelar a la «mayoría silenciosa», por ejemplo a través de espacios televisivos como los *town hall meeting* o los *telethons*, que establecían un simulacro de diálogo directo entre el líder y los ciudadanos, con el periodista casi simplemente observándolo. Un ejemplo en el ámbito español es el programa de TVE1 *Tengo una pregunta para usted...*, por el que han pasado políticos como José Luis Rodríguez Zapatero –que lo inauguró como presidente del Gobierno español–, Mariano Rajoy (PP), Josep Antoni Duran i Lleida (CiU), Gaspar Llamazares (IU), Josep-Lluís Carod-Rovira (ERC) o Alberto Ruiz-Gallardón (PP). El programa es una réplica bastante exacta de la versión francesa, *Question à vous poser*.

Nixon y sus 'primeros caballeros'

Aquella época de enfrentamiento a muerte entre un presidente norteamericano y lo que acabaría conociéndose como el «cuarto poder», paradójicamente no sirvió tanto para inaugurar una época de reinado de los periodistas tantos como para dar categoría de primeros caballeros a los spin doctors. Pasaban a ser sus otros hijos, orgullosos productos de una nueva era que en ellos depositaba un gran poder, en plena lógica con la concepción de la política que defendía Nixon en sus memorias, también a propósito de lo que tenían que ser los presidentes posmodernos y justificando la creación de la Oficina de Comunicación de la Casa Blanca (White House Office of Communications): «[los presidentes] tienen que ser maestros en el arte de manipular los medios de comunicación, no sólo para ganar las elecciones, sino para llevar a cabo su política y apoyar las causas en que creen. Al mismo tiempo tienen que evitar por todos los medios que se les acuse de manipuladores». Nixon, clarividente en este sentido, también defendía que «la preocupación por la imagen debe tener prioridad sobre el sentido».

Pero el propio Nixon no lo supo hacer lo bastante eficazmente, y cayó. No así, en cambio, la Oficina de Comunicación de la Casa Blanca, que se ha mantenido hasta ahora, habitada por spin doctors que se suceden a medida que la presidencia cambia de manos. Profesionales protagonistas de una política profesionalizada hasta el extremo, como defiende Jay Blumler, y a quienes desde el principio se liga con la manipulación del relato en busca de crear una contrarrealidad útil para los intereses de su líder. La figura, relacionada ya estrictamente con el contexto político, no se ha quitado en encima todavía hoy la mala imagen que arrastra desde que empezó a dar los primeros pasos. Pero su poder es creciente y su protagonismo también aumenta, piezas clave como son en la manufactura de un relato político que necesita convertirse en mediático. Piezas clave como son en la batalla permanente que mantienen medios y política para construir agenda. Para marcar la agenda y hacer que sean los otros los que tengan que tejer un relato alternativo, a remolque del adversario. Ésta fue la intención primera de la Oficina de Comunicación que inauguró Nixon: gestionar la agenda estratégica de la presidencia. Y así ha seguido siendo pasados los años, siempre con el objetivo claro de conseguir unidad y coherencia del gobierno en torno a esta estrategia, a la vez que tratando de promoverla entre la opinión pública a través de las estrategias de comunicación que las técnicas marketinianas ponen a su alcance. Así ha continuado siendo en los EE.UU. y así han seguido el modelo la mayoría de gobiernos, democráticos y no democráticos, de todo el planeta.

¿De spin doctors a story spinners?

Pero la revolución tecnológica de los últimos años no podía dejar de imprimir su propia huella en este ámbito, como lo ha hecho en general en toda la política. Los cambios se suceden a velocidades de vértigo y es un hecho evidente que la comunicación política ha cambiado de escala y de registro. Porque ya no se trata sólo de informar eficazmente al público sobre las decisiones del ejecutivo, tratando de controlar la agenda, sino que hay que tratar de construir esta agenda. Hay que crear un universo virtual nuevo, forjar una historia e imponerla en las agendas mediática, política y pública.

Y con la institucionalización de la figura del spin doctor como actor clave de la política, con la toma de conciencia de adversarios políticos y mediáticos de su importancia determinante y de su proximidad al líder, su papel se convierte en más visible. Deja la sala de máquinas, la cocina de la política, para pasar a ocupar un protagonismo que en algunos casos llega a eclipsar a su propio asesorado. Pero el caso es que este *crescendo* de su papel público se vislumbra como inevitable en un ecosistema politicomediático que en gran parte ellos ayudan a componer tal como lo conocemos. Son transformadores del relato político. Son transformadores de la política que se nos representa, y por eso mismo, implicados como están en ella, no pueden evitar que su propia figura experimente cambios, transformaciones. Diferentes autores advierten de que su papel ya no queda sólo circunscrito al «cambio de sentido» o a buscar aquel enfoque que mejor pueda rendir a los objetivos de un líder, de un presidente, de un partido o de una institución. Los spin doctors del siglo XXI tienen la misión de asociar la puesta en movimiento de la opinión y la ejecución del relato de los acontecimientos. Estas nuevas atribuciones, añadidas a las tradicionales de estos asesores de primer nivel, han llevado a autores como Evan Cornog a defender incluso un cambio en su denominación. Cornog, concretamente, defiende que los spin doctors han pasado a convertirse en *story spinners*, en el sentido de que ayudan a sus líderes a componer una historia propia a la vez que encuentran los mejores métodos para difundir su mensaje. Según Cornog, «una campaña presidencial es un gran festival de narración en que la prensa es a la vez el actor, el coro y el público. La prensa interpreta la historia, utiliza las historias reinterpretadas por ella de la mano de los spin doctors políticos y satisface (a veces) el hambre de más relatos que tiene el público. Las campañas son duelos de historias a gran velocidad, que duran meses (y años). Tienen que proponerse continuamente nuevas historias, las anteriores fallan o cansan al público. El candidato que gana es aquel con historias que están en conexión con el mayor número de electores».

Con nuevas propuestas de etiquetado o no, la figura de los spin doctors está claro que se encuentra en el punto de mira. Llegaron a la política para quedarse y dominan desde la sala de máquinas, marcando la pauta. Y lo hacen porque en tiempos de campaña electoral ininterrumpida, la comunicación política cada vez más se formula a través de una retórica que fabrica hechos y situaciones, ya no tanto con el objetivo de transmitir informaciones y de aclarar decisiones, sino enfocada a actuar sobre las emociones y el estado de ánimo de unos electores potenciales, cada vez más, considerados como espectadores potenciales del espectáculo de la política. Ante de eso, los grandes esfuerzos, sobre todo de los spin doctors, se centrarán en la puesta en escena de la democracia más que en su ejercicio. Y en esta dirección, para conquistar el poder y para ejercerlo con garantías, hay que construir relato, contar historias a menudo prescindiendo de los argumentos más racionales. Es lo que Salmon ha descrito, contundente: «Los spin doctors practican el *storytelling* como un arte del engaño absoluto, un *mentir falso*, si se puede decir así, una forma nueva de desinformación». Todo ello, nada que en gran manera no hayan provocado unos medios de comunicación que han traspasado las fronteras de lo que en su día idearon los teóricos del liberalismo erigiéndolos como guardianes del poder. Porque la implicación política de los medios, su rol intrusivo como actores políticos en sí mismos, estaba claro que provocaría una respuesta por parte de los que más podían sentirse agredidos por esta nueva realidad: los políticos. Y así ha sido. Porque si, como defiende Doris Graber, «los medios de comunicación establecen la agenda cuando tienen éxito a la hora de absorber la atención sobre un problema [...] y construyen la agenda pública cuando suministran el contexto que determina *qué piensa la gente sobre un tema y cómo evalúa sus méritos*», había que esperar que la política, en competencia para tratar de imponer este «qué piensa la gente», se implicara con todos los recursos que pudiera tener al alcance. Y así ha sido. El auge de la figura de los spin doctors, los manufactureros del relato desde el poder, es prueba fehaciente de ello. Los spin doctors construyen un relato que interpela al espectador/elector. Ellos buscan una política a flor de piel que haga que la historia de su líder merezca ante todo la atención de los que después tendrán que darle su confianza en las urnas.

Bibliografía

Aberbach, D. *Charisma in politics, religion, and the media: private trauma, public ideals*. Nueva York: New York University Press, 1996.

Aguilar, M. A. [*et al.*] *Medios de comunicación y cultura política*. Madrid: Editorial Pablo Iglesias, 1999.

Aira, T. *Màrqueting polític: L'art de guanyar eleccions. Del cartell a Youtube*. Barcelona: Trípodos Ediciones, 2008.

Albouy, S. *Marketing et Communication politique*. París: L'Harmattan, 1994.

Aristóteles. *Retórica*. Barcelona: Laia, 1985.

———. *Política*. Madrid: Gredos, 1994.

Badia, L. *De la persuasió a la tematització*. Barcelona: Pòrtic, 1992.

———. *Opinió pública i comunicació política: la lògica comunicativa*. Barcelona: Servei de Publicacions de la Universitat Autònoma de Barcelona, 1992.

Balandier, G. *El poder en escenas: De la representación del poder al poder de la representación*. Barcelona: Paidós, 1994.

Balladur, E. *Maquiavel en democràcia. Mecànica del poder*. Barcelona: Mina, 2007.

Ballardini, B. *Jesús lava más blanco o como la Iglesia inventó el marketing*. Barcelona: Mina, 2007.

Bentham, J. *The Works of Jeremy Bentham*. Boston: Adamant Media Corporation, 2005.

Berlin, I. *Contra la corriente. Ensayo sobre Historia de las ideas*. México: FCE, 1983.

Berrio, J. *L'opinió pública i la democràcia*. Barcelona: Pòrtic, 1990.

———. *La comunicació en democràcia: una visió sobre l'opinió pública*. Barcelona: Servei de Publicacions Universitat Autònoma de Barcelona, 2000.

Berrocal, S. *Comunicación política en televisión y nuevos medios*. Barcelona: Ariel, 2003.

Blumenthal, S. *The Permanent Campaign: Inside the world of elite political operatives*. Boston: Beacon, 1980.

Blumler, J.; Mcquail, D. *Television in politics: its uses and influence*. Londres: Faber & Faber, 1968.

Blumler, J.; Gurevitch, M. *The Crisis of Public Communication*. Londres: Routledge, 1995.

Bogardus, E. S. *Leaders and Leadership*. Nueva York: Appleton-Century, 1934.

Boller, P. *Presidentials campaigns*. Nueva York: Oxford University Press, 1996.

Bongrand, M. *Le marqueting politique*. París: Presses Universitaires de France, 1986.

Borrat, H. *El periódico, actor político*. Barcelona: Editorial Gustavo Gili, 1989.

Bourdieu, P. *Questions de sociologie*. París: Éditions de Minuit, 1980.

———. *La distinción*. Madrid: Taurus, 1988.

———. *Sobre la televisión*. Barcelona: Anagrama, 1997.

———. *Contrafuegos: reflexionas para servir a la resistencia contra la invasión neoliberal*. Barcelona: Anagrama, 2000.

Brown, L. *The polished Politician*. Virginia: LB-LTD Press, 1994.

Campmany, J. *El efecto ZP. 1.000 días de campaña para llegar a la Moncloa*. Barcelona: Planeta, 2005.

Canel, M. J. *Comunicación Política. Una guía para su estudio y práctica*. Madrid: Tecnos, 2006.

Cannon, L. *President Reagan: The Role of a Lifetime*. Nueva York: Simon & Schuster, 1991.

Cannon, C. M.; Dubose, L.; Reid, J. *Boy Genius. Karl Rove, the Architect of George W. Bush's Remarkable Political Triumphs*. Nueva York: PublicAffairs, 2003.

Cardús, S. *Política de paper. Premsa y poder a Catalunya (1981–1992)*. Barcelona: La Campana, 1995.

Castillos, M. *La era de la información. Economía, sociedad y cultura. I: La sociedad red*. Madrid: Alianza, 1997.

———. *La Galaxia de Internet. Reflexiones sobre Internet, empresa y sociedad*. Barcelona: Debolsillo, 2002.

Cerdán, M. *Paesa. El espía de las mil caras*. Barcelona: Random House Mondadori, 2006.

Champagne, P. *Faire l'opinion*. París: Editions de Minuit, 1990.

Chias, J. *Marketing público: por un gobierno y una administración al servicio del público*. Madrid: Edigrafos, 1995.

Chomsky, N.; Herman, E. S. *Los guardianes de la libertad: propaganda, desinformación y consenso en los medios de comunicación de masas*. Barcelona: Crítica, 1999.

Cicerón, Q. T. *Breviario de campaña electoral*. Barcelona: El Acantilado, 2003.

Dader, J. L. *Tratado de comunicación política*. Madrid: Ed. Dader, 1998.

Dallek, R. *J. F. Kennedy. Una vida inacabada*. Barcelona: Ediciones Península, 2004.

David, D.; Quintric, J. M.; Schroeder, H. C. H. *Le marketing politique*. París: Presses Universitaires de France, 1978.

Davis, F. *La comunicación no verbal*. Madrid: Alianza Editorial, 2000.

Davis, R. *The Press and American Politics. The new mediator*. Nueva Jersey: Prentice Hall, 2001.

Dayan, D.; Katz, E. *La historia en directo. La retransmisión televisiva de los acontecimientos*. Barcelona: Editorial Gustavo Gili, 1995.

De Toro, S. *Madera de Zapatero. Retrato de un presidente*. Barcelona: RBA, 2007.

Del Pozo. R. *Los cautivos de la Moncloa*. Barcelona: Planeta, 2005.

Del rey, J. *La comunicación política: el mito de las Izquierdas y Derechas*. Madrid: Eudema, 1989.

———. *Democracia y postmodernidad: Teoría general de la información*. Madrid: Editorial Complutense, 1996.

———: *Los juegos de los políticos*. Barcelona: Tecnos, 1997.

Denton, R. E. *The Primetime Presidency of Ronald Reagan*. Nueva York: Praeger, 1988.

———. (comp.) *The 1992 Presidential Campaign: A Communication Perspective*. Westport: Praeger, 1992.

Denton, R. E.; Holloway, R. L. *The Clinton Presidency: Images, Issues, and Communication Strategies*. Westport: Praeger, 1996.

Deutsch, K. W. *The nerves of government: models of political communication and control*. Nueva York: Free Press of Glencoe, 1963.

Diego, E. *Pretorianos*. Madrid: Ediciones Martínez Roca, 2004.

Domenach, J-M. *La propaganda política*. Buenos Aires: EUDEBA, 1993.

Durandin, G. *La mentira en la propaganda política y en la publicidad*. Barcelona: Paidós, 1983.

——— *La información, la desinformación y la realidad*. Barcelona: Paidós, 1995.

Edelman, M. *From Art to Politics*. Chicago: University of Chicago Press, 1995.

Edwards, G. C. *The Public Presidency: The Pursuit of Popular Support*. Nueva York: St Martin's, 1983.

Entman, R. M. *Democracy without Citizens: Media and the Decay of American politics*. Nueva York: Oxford University Press, 1991.

Franklin, B. *Packaging Politics*. Londres: Arnold, 2004.

Friedenberg, R. V. *Communication Consultants in Political Campaigns: Ballot Box Warriors*. Westport: Praeger Publishers, 1997.

Fritz, B.; Keefer, B.; Nyhan, B. *All the President's Spin. George W. Bush, the media and the truth*. Nueva York: Touchstone, 2004.

Gandy, O. *Beyond Agenda–Setting: Information Subsidies and Public Policy*. Norwood: Ablex, 1982.

García Beaudoux, V.; D'Adamo, O.; Slavinsky, G. *Comunicación política y campañas electorales. Estrategia en elecciones presidenciales*. Barcelona: Gedisa, 2005.

Gerstlé, J. *La communication politique*. París: Presses Universitaires de France, 1990.

Gomis, L. *El medio media. La función política de la prensa*. Barcelona: Mitre, 1987.

Goodman, A. *The exception to the rulers. Exposing Oily Politicians, War Profiteers, and the Media that Love Them*. Nueva York: Hyperion Books, 2004.

Graber, D. *Mass Media and American Politics*. Washington DC: Congresional Quarterly Press, 1984.

Grijelmo, A. *La seducción de las palabras: un recorrido por las manipulaciones del pensamiento*. Madrid: Taurus, 2000.

Gurevitch, M.; Blumler, J. *El poder de los medios en la política*. Buenos Aires: Grupo Editor Latinoamericano, 1987.

Hellweg, S. A.; Pfau, M.; Brydon, S. R. *Televised presidential debates: advocacy in contemporary America*. Westport: Green- wood, 1992.

Herreros, M. *Teoría y técnica de la propaganda electoral (formas publicitarias)*. Barcelona: Promociones y Publicaciones Universitarias, 1989.

Hesselbein, F.; Goldsmith, M.; Beckhard, R., (ed.). *The leader of the future: new visions, strategies, and practices for the next era*. San Francisco: Jossey-Bass, 1996.

Hovland, C.; Janis, I. L.; Kelley, H. H. *Communication and persuasion. Psychological studies of opinion change*. Londres: Yale University Press, 1976.

Iyengar, S. *Is anyone responsible? How television frames political issues*. Chicago: The University of Chicago Press, 1991.

Iyengar, S.; Reeves, R., (ed.). *Do Media Govern? Politicians, Voters and Reporters in America*. Londres: Sage Publications, 1997.

Jackall, R. (ed.). *Propaganda*. Londres: Macmillan, 1995.

Jamieson, K. H. *Dirty Politics: Deception, Distraction and Democracy*. Nueva York: Oxford University, 1992.

———. *Packaging the Presidency*. Nueva York: Oxford University Press, 1996.

Jones, N. *Soundbites and spin doctors*. Londres: Cassell, 1995

———. *Sultans of Spin. The Media and the New Labour Government.* Londres: Orion, 1999.

———. *The Control Freaks. How New Labour Gets Its Own Way.* Londres: Politico's Publishing, 2002.

Jowett, G. S.; O'Donell, V. *Propaganda and Persuasion.* Newbury Park: Sage, 1999.

Kaid, L. L., (ed.). *Handbook of Political Communication.* Nueva Jersey: Lawrence Erlbaum Associates, 2004.

Kaid, L. L. [*et al.*], (ed.). *The millennium election: communication in the 2000 campaign.* Lanham: Roeman & Littlefield, 2003.

Kaid, L. L.; Mckinney, M. S.; Tedesco, J. C. *Civic dialogue in the 1996 presidential campaign: candidate, media and public voices.* Nueva Jersey: Hampton Press, 2000.

Kaspi, A. *Kennedy.* Barcelona: Salvat Editores, 1995.

Katz, D. *Public Opinion and Propaganda.* Nueva York: Henry Holt and Co., 1960.

Katz, E.; Lazarsfeld, P. *Personal Influence (The part placed by people in mass communications).* Illinois: Glencoe Free Press, 1964.

———. *La influencia personal.* Barcelona: Hispano Europea, 1979.

Kernell, S. *Going Public: New Strategies of Presidential Leadership.* Washington: C.Q. Press, 1986.

Klapper, J. T. *Efectos de la comunicación de masas.* Madrid: Aguilar, 1974.

Knapp, M. L. *La comunicación no verbal: el cuerpo y el entorno.* Barcelona: Paidós, 1982.

Kotter, J. P. *Leading Change.* Boston: Harvard Business School Press, 1996.

Kraus, S. *Televised presidencial debates and public policy.* Mahwah: Lawrence Erlbaum, 1999.

Kurtz, H. *Spin Cycle: Inside the Clinton Propaganda Machine.* Nueva York: Free Press, 1998.

Lakoff, G. *Moral politics: how liberals and conservatives think.* Chicago: University of Chicago Press, 1997.

———. *Don't think of an elephant: know your values and frame the debate – the essential guide for progressives.* White River Junction: Chelsea Green Publishing, 2004.

———. *No pienses en un elefante. Lenguaje y debate político.* Madrid: Editorial Complutense, 2007.

Lasswell, H. D.; Leites, N. *Language of Politics.* Cambridge: The MIT Press, 1965.

Lazarsfeld, P.; Berelson, B.; Gaudet, P. *The People's Choice*. Nueva York: Columbia University Press, 1968.

Lilleker, D. G. *Key Concepts in Political Communication*. Londres: Sage, 2006.

Lindon, D. *Marketing político y social*. Madrid: Tecniban, 1977.

———. *Le marketing politique*. París: Dalloz, 1986.

Lippmann, W. *La crisis de la democracia occidental: hacia una nueva democracia*. Barcelona: Hispano Europea, 1956.

———. *The Phantom Public*. New Brunswick: Transaction Publishers, 1993.

———. *La opinión pública*. San Lorenzo del Escorial: Cuadernos de Langre, 2003.

Lozano, I. *El saqueo de la imaginación. Cómo estamos perdiendo el sentido de las palabras*. Barcelona: Debate, 2008.

Lunz, F. I. *Candidates, Consultants and Campaigns: The Style and Substance of American Electioneering*. Nueva York: Basil Blackwell, 1998.

Luque, T. *Marketing político: un análisis del intercambio político*. Barcelona: Editorial Ariel, 1996.

Lyotard, J-F. *La condición postmoderna*. Madrid: Cátedra, 2000.

Maarek, P. *Marketing político y comunicación*. Barcelona: Paidós, 1997.

Mai, R. P.; Akerson, A. *The leader as communicator: strategies and tactics to build loyalty, focus effort, and spark creativity*. Nueva York: AMACOM, American Management Association, 2003.

Maltese, J. A. *Spin Control. The White House Office of Communications and the Management of Presidential News*. Londres: The University of North Carolina Press, 1994.

Maquiavelo. *El Príncep*. Barcelona: Edicions 62, 1996.

Martín Salgado, L. *Marketing político. Arte y ciencia de la persuasión en democracia*. Barcelona: Paidós, 2002.

Mase, W. *Mí alumno Adolf Hitler*. Madrid: Universitas Verlag, 2003.

Mccombs, M. *Setting the agenda. The mass media and public opinion*. Cambridge: Polity Press, 2004.

———. *Estableciendo la agenda*. Barcelona: Paidós, 2006.

Mccombs, M.; Shaw, D.; Weaver, D. *Communication and democracy. Exploring the intellectual frontiers in agenda–setting theory*. Londres: Lawrence Erlbaum Ass., 1997.

Mcgann, J. G.; Weaver, R. K., (ed.) *Think tanks & civil societies: Catalysts for ideas and action*. New Brunswick: Transaction Publishers, 2000.

Mcginnis, J. *Cómo se vende un presidente*. Barcelona: Península, 1972.

Mcluhan, M. *Comprender los medios de comunicación*. Barcelona: Paidós, 1996.

Mcquail, D. *Introducción a la teoría de la comunicación de masas*. Barcelona: Paidós, 1991.

Meadow, R. G. *Politics as Communication*. Nueva Jersey: Ablex Publishing Corporation, 1980.

———. *New communication technologies in politics*. Washington DC: The Washington Program of the Annenberg School of Communication, 1985.

Michels, R. *Los partidos políticos*. Buenos Aires: Amorrortu, 1996.

Miller, A. *La política y el arte de actuar*. Barcelona: La Campana, 2002.

Monzón, C. *Opinión pública y comunicación política*. Madrid: Eudema, 1992.

———. *Opinión pública, comunicación y política*. Madrid: Tecnos, 1996.

Moragas, M., (comp.). *Sociología de la comunicación de masas*. Barcelona: Gustavo Gili, 1994.

Mullholland, J. *Handbook of Persuasive Tactics: A Practical Language Guide*. Nueva York: Rouletdge, 1994.

Muñoz-Alonso, A. [*et al.*]. *Opinión pública y comunicación política*. Madrid: Eudema: 1990.

Muñoz-Alonso, A.; Rospir, J. I., (ed.) *Comunicación Política*. Madrid: Editorial Universitas, 1995.

———. (ed.) *Democracia mediática y campañas electorales*. Barcelona: Ariel, 1999.

Napolitan, J. *The election game*. Nueva York: Doubleday, 1972.

Negrine, R. *The Communication of Politics*. Londres: Sage, 1996.

Neuman, W.; Just, M.; Criegler, A. *Common Knowledge: News and the Construction of Political Meaning*. Chicago: Chicago University Press, 1992.

Newman, B. I. *The marketing of the president: Political marketing as campaign strategy*. Thousand Oaks: Sage Publications, 1994.

———: (dir.). *Handbook of political Marketing*. Londres: Sage Publications, 1999.

Nimmo, D. *The political persuaders. The techniques of Modern Election Campaign*. Nueva Jersey: Prentice Hall, 1970.

———. *Candidates and Their Images: Concepts Attitudes, and Findings*. Pacific Palisades: Goodyear, 1976.

Nimmo, D.; Combs, J. E. *Mediated Political Realities*. Nueva York: Longman, 1990.

Nimmo, D.; Sanders, K. *Handbook of political communication*. Londres: Sage, 1981.

Nimmo, D.; Swanson, D. L. *New Directions in Political Communication*. Londres: Sage Publications, 1990.

Noelle-Neumann, E. *The Spiral of Silence: Public Opinion. Our social skin*. Chicago: University of Chicago Press, 1984.

———. *La espiral del silencio. Opinión pública: nuestra piel social*. Barcelona: Paidós, 1995.

Norris, P. *Politics and the press. The News Media and their Influences*. Londres: Lynne Rienner Publishers, 1997.

———. *Digital Divide: Civic Engagement, Information Poverty and the Internet in the Democratic Societies*. Nueva York: Cambridge University Press, 2001.

———. *A Virtuous Circle: Political Communications in Postindustrial Democracies*. Nueva York: Cambridge University Press, 2000.

———. *Democratic Phoenix: Political Activism Worldwide*. Nueva York: Cambridge University Press, 2002.

———. [*et al.*] *On Message. Communicating the Campaign*. Londres: Sage, 1999.

Obama, B. *La audacia de la esperanza*. Barcelona: Mina, 2008. O'Shaughnessy, N. *Weapons of Mass Seduction*. Manchester: Manchester University Press, 2004.

Ornstein, N. J.; Mann, T. H., (ed.). *The permanent campaign and its future*. Washington: American Enterprise Institute and the Broings Institution, 2000.

Paletz, D.; Entman, R. M. *Media Powers Politics*. Nueva York: The Free Press, 1981.

Perloff, R. M. *The Dynamics of Persuasion*. Hillsdale: Lawrence Erlbaum, 1993.

———. *Political Communication: Politics, press, and public in America*. Mahwah: Lawrence Erlbaum, 1998.

Pitcher, G. *The Death of Spin*. Londres: John Wiley, 2002.

Platón. *La República*. Barcelona: Fundació Bernat Metge, 1989.

Pratkanis, A. *La era de la propaganda. Uso y abuso de la persuasión* Barcelona: Paidós, 1994.

Price, V. *Public Opinion*. California: Sage, 1992.

———. *Opinión pública: Esfera pública y comunicación*. Barcelona: Paidós, 1994.

Puig González, J. *Los líderes–stars: una visión del líder político como creación espectacular*. Bellaterra: Servicio de Publicaciones de la Universidad Autónoma de Barcelona, 1991.

Rees, L. *Selling Politics*. Londres. BBC Books, 1992.

Sádaba, T. *Framing. Una teoría para los medios de comunicación*. Pamplona: Ulzama, 2006.

Sáez, A. *De la representación a la realidad. Propuestas de análisis del discurso mediático*. Barcelona: Manía Editores, 1999.

Sàez Matáis, F. *El crepuscle de la democràcia*. Barcelona: Edicions 62, 1999.

———. *Comunicació i argumentació*. Barcelona: Trípodos, 2003.

———. *Què (ens) està passant? Subjecte, identitat i cultura en l'era de la simulació*. Barcelona: Proa, 2003.

Salmon, C. *Storyteling. La máquina de fabricar historias y formatear mentes*. Barcelona: Península, 2008.

Sanchís, J. L. *Cómo se gana el poder*. Madrid: Espada, 1996. SARTORIO, G. *¿Qué es la democracia?* Madrid: Taurus, 1997.

———. *Homo Videns. La sociedad teledirigida*. Madrid: Taurus, 1998.

Shoemaker, P. J. *Gatekeeping*. Newbury Park: Sage, 1991.

Shoemaker, P. J.; REESE, S. *Mediating the message. Theories of Influences on Mass Media Content*. Nueva York: Longman, 1991.

Shultz, D. A., (ed.). *Lights, Camera, Campaign: Media, Politics and Political Advertising*. Nueva York: Peter Lang, 2004.

Slayden, D.; Whillock, R. K.; Kirk, R., (ed.). *Soundbite Culture: The Death of Discourse in en Wired World*. Thousand Oaks: Sage, 1999.

Smith, C. A.; Smith, K. *The White House Speaks: Presidential Leadership as Persuasion*. Wesport: Praeger, 1994.

Stephanopoulos, G. *All too Human*. Nueva York: TW Bookmark, 1999.

Swanson, D.; Mancini, P. *Politics, Media, and Modern Democracy: An International Study of Innovations in Electoral Campaigning and their Consequences*. Wesport: Praeger, 1996.

Thompson, J. B. *El escándalo político. Poder y visibilidad en la era de los medios de comunicación*. Barcelona: Paidós, 2001.

Trent, J. S.; Friedenberg, R. V. *Political Campaign Communication. Principles and Practices*. Connecticut: Praeger, 1995.

Trippi, J. *The revolution will not be televised. Democracy, the Internet, and the overthrow of everything*. Nueva York: HarperCollins Publishers, 2004.

Troy, G. *See how they ran: The changing role of the presidential candidate*. Cambridge: Harvard University Press, 1996.

Tuchman, G. *Making News*. Nueva York: Free Press, 1978.

———. *La producción de la noticia. Estudio sobre la construcción de la realidad*. Barcelona: Editorial Gustavo Gili, 1983.

White, T. H. *The making of the president*. Londres: Cape, 1974. WOLF, M. *La investigación de la comunicación de masas. Crítica y perspectivas*. 2ª ed. Barcelona: Paidós, 1991.

———. *Los efectos sociales de los medios de comunicación de masas*. Barcelona: Pórtico, 1992.

Wolton, D. *Elogio del gran público*. Barcelona: Gedisa, 1995.

———. *Penser la Communication*. París: Falmmarion, 1997.

Wring, D. *The Politics of Marketing the Labour Party*. Basingtoke: Palgrave, 2004.

Zunzunegui, S. *Pensar la imagen*. Madrid: Ediciones Cátedra y Universidad del País Vasco, 1998.

Made in United States
Cleveland, OH
25 October 2026

46757160R00079